शिवगुरु
से
देवदूतों की माँग

शिवगुरु से देवदूतों की माँग

राकेश आचार्या

प्रभात पेपरबैक्स
www.prabhatbooks.com

प्रकाशक

प्रभात पेपरबैक्स

4/19 आसफ अली रोड, नई दिल्ली–110002

फोन : 23289777 • हेल्पलाइन नं. : 7827007777

इ–मेल : prabhatbooks@gmail.com ❖ वेब ठिकाना : www.prabhatbooks.com

संस्करण

प्रथम, 2019

मूल्य

एक सौ पचास रुपए

अ.मा.पु.स. 978-93-5322-144-7

मुद्रक

आर–टेक ऑफसेट प्रिंटर्स, दिल्ली

———— ★ ————

SHIVGURU SE DEVDOOTON KI MANG
by Rakesh Acharya

Published by **PRABHAT PAPERBACKS**
4/19 Asaf Ali Road, New Delhi-110002

ISBN 978-93-5322-144-7

₹ 150.00

शिवगुरु
को
समर्पित

शिव

इस शब्द को ब्रह्मांड में परिचय की आवश्यकता नहीं।

देवों के देव तो वे हैं ही, साथ ही गुरुओं के गुरु भी हैं। इष्ट के रूप में वे अपने भक्तों को युग-युगों से सब देते चले आ रहे हैं। उनकी नजर में देव, दानव सब भक्ति के पात्र हैं।

यदि उन्हें गुरु के रूप में प्राप्त कर लिया जाए तो वे अपने शिष्यों की सहायता के लिए देवदूतों तक की नियुक्ति कर देते हैं।

शिव शिष्य अपने शिवगुरु से बात कर लेते हैं, अपने सवालों के जवाब पा लेते हैं, उनसे अपनी समस्या हल करवा लेते हैं, अपनी कामनाएँ पूरी करा लेते हैं। यहाँ तक कि आकस्मिक स्थितियों में अपनी मदद के लिए देवदूतों की नियुक्ति करा लेते हैं।

आप भी ऐसा कर सकते हैं।

बस, जरूरत है शिव को गुरु बनाने की।

जरूरत है शिव से अपनापन स्थापित करने की।

आज गुरु-शिष्य के मायने बदल दिए गए हैं। शायद इसका कारण अति व्यस्तता हो।

कई लोग समूह में शिष्य बनाने लगे हैं। मंच से एक साथ शिष्यता देने की घोषणा कर देते हैं। उसके बाद उन्हें गुरु माननेवाले अधिकांश लोग उनसे मिल ही नहीं पाते। आजीवन अपने सवालों को लेकर यहाँ-वहाँ भटकते रहते हैं। शरीर में होते हुए भी उनके लिए ऐसे गुरु अशरीरी-से होते हैं, क्योंकि व्यक्तिगत रूप से अपने शिष्यों से कभी मिलते ही नहीं।

यह गलत है, शास्त्र विरुद्ध है, मृगतृष्णा है।

ऐसे गुरु का क्या फायदा, जिससे शिष्य मिल ही न सके।

शास्त्रों में ऐसे गुरुओं का उल्लेख नहीं मिलता, जो अपने शिष्यों से आमने-सामने मिलना नहीं चाहते। ऐसे गुरु का होना, न होना एक जैसा है।

शिष्य सदैव अपने गुरु के सान्निध्य में होना चाहिए, तभी वह जीवन की कठिनाइयों को खत्म करके शानदार उपलब्धियों तक पहुँच सकता है।

यहाँ मेरा उद्देश्य किसी की आलोचना नहीं है।

मगर यह ऐसी सच्चाई है, जिसे कहे बिना रहा नहीं जाता।

मैं सभी संतों और गुरुओं का सम्मान करता हूँ। बस, उनसे विनम्र आग्रह है कि अपने शिष्यों से आमने सामने मिलकर उनके दु:ख हरने की जिम्मेदारी भी निभाते चलें, जिससे गुरु शिष्य की मर्यादा अखंड रहे।

शरीर में रहते हुए भी अपने शिष्यों से व्यक्तिगत संपर्क न करनेवाले गुरुओं से करोड़ों गुना अच्छा भगवान् शिव को गुरु बनाना है।

उनसे बड़ा गुरु कोई हो ही नहीं सकता।

ब्रह्मांड में उनकी उपलब्धता किसी से छिपी नहीं है। वे हर क्षण अपने शिष्यों के लिए उपलब्ध रहते हैं। बस, उनसे संपर्क करने का तरीका आना चाहिए।

शिवगुरु को समर्पित इस पुस्तक में मैं भगवान् शिव को गुरु बनाने की विधि दे रहा हूँ, उनसे संपर्क स्थापित करने का तरीका बता रहा हूँ। साथ ही शिवगुरु से बात करने, उनसे अपने सवालों के जवाब लेने, उनसे अपनी कामनाओं को पूरा कराने, उनसे अपनी समस्याओं के समाधान पाने, शिव सुरक्षा प्राप्त करने और अपने लिए देवदूतों की नियुक्ति कराने की विधि बता रहा हूँ।

विश्वासपूर्वक अपनाई गई ये विधियाँ अब तक अचूक सिद्ध हुई हैं, शिवगुरु की कृपा से आगे भी होती रहेंगी।

सबका जीवन सुखी हो, यही हमारी कामना है।

—राकेश आचार्या

इ-मेल : shivshiv1008@gmail.com

वेबसाइट : mrityunjayyog.com

मो. : 9999945010

अनुक्रम

देवदूतों की अदृश्य सहायता

देवदूत।

ब्रह्मांड के अदृश्य सहायक।

हर क्षण हमारी मदद को तैयार।

देवदूतों की सहायता से हम क्या पा सकते हैं, इसे कहने की जरूरत नहीं।

देवदूतों की सहायता प्राप्त करना हमारा अधिकार है। हमारी सहायता करना उनका देव-कर्म है।

जैसे विद्यालय के अध्यापक की ड्यूटी छात्रों की मदद करना, अस्पताल के डॉक्टर की ड्यूटी मरीजों की मदद करना है, वैसे ही देवदूतों की ड्यूटी जरूरतमंदों की मदद करना है। ब्रह्मांड में इसी काम के लिए उनकी नियुक्ति हुई है।

उनकी सहायता हर पल उपलब्ध है। बस, हमें उसे प्राप्त करने का तरीका आना चाहिए।

सनातन धर्म में देवदूतों को विभिन्न देवों के नाम से जानते हैं। इसलाम में पैगंबर का जिक्र है। साथ ही इसलाम के कई विद्वान् भक्तों की सहायता के लिए शागिर्दों की नियुक्ति करते हैं। शागिर्द का मतलब होता है—अदृश्य सहायता करनेवाली शक्तियाँ। ईसाई धर्म में देवदूतों का व्यापक जिक्र है। इसी तरह सभी धर्मों में देवदूतों और उनके कार्यों का उल्लेख है।

ब्रह्मांड लोगों की मदद करनेवाले देवदूतों से भरा पड़ा है। इनमें असंख्य देवी-देवता, ऋषि-मुनि, साधु संत शामिल हैं। उदाहरण के लिए, हनुमानजी देवदूत के रूप में लोगों की सहायता करते हैं। शरीर छोड़ चुके सभी उच्च कोटि

के सिद्ध संत भी इसी रूप में लोगों की मदद करते हैं।

कुछ के लिए वे खुद ही सहायता करने पहुँच जाते हैं। कुछ के लिए भगवान् शिव, देवी भगवती, श्री हरि विष्णु आदि उच्च देवों द्वारा उनकी नियुक्ति की जाती है।

ब्रह्मांड की इसी व्यवस्था के तहत शिवगुरु शिव शिष्यों के साथ देवदूतों की नियुक्ति करते हैं।

मैंने शिवगुरु से आग्रह को देवदूतों की सहायता के लिए सदैव अचूक पाया।

विश्वास के साथ शिवगुरु से की गई देवदूतों की माँग कभी खाली नहीं जाती।

कोई भी शिवगुरु से देवदूतों की माँग करके अपने बिगड़े काम बना सकता है।

शिवगुरु के पास शिव गणों के रूप में देवदूतों की लंबी फौज है।

यक्ष, गंधर्व, किन्नर, भैरव, भैरवी शिवगुरु के देवदूत हैं।

साथ ही ब्रह्मांड के सभी देवी-देवता उनकी इच्छा पर भक्तों की सहायता करने तत्काल पहुँच जाते हैं...।

□

देवदूतों ने प्रेत बाधा से मुक्ति दिलाई

बात मई 2004 की है।

हम हिमालय साधना से लौट रहे थे।

मेरे साथ दो आध्यात्मिक मित्र नारायणजी और सागर नाथजी थे। नारायणजी ने तंत्र में सिद्धियाँ अर्जित की थीं। सागर नाथजी उच्च स्तर के साधक थे। उन्होंने ऊर्जा विज्ञान में कई चीजें मुझसे सीखीं, इसलिए वे मुझे 'गुरुवर कहकर' संबोधित करते थे। हालाँकि उन्होंने भी शिवगुरु को ही अपना गुरु धारण कर रखा था। मेरी तरह सागरजी ने भी भोजन त्याग रखा था।

नारायणजी ने जोशी मठ पर गाड़ी छोड़ दी। वहाँ से वे पहाड़ी जंगलों की तरफ पैदल जाना चाहते थे। हमारे पास भी कुछ दिन थे, सो हम भी उनके साथ चल पड़े। जोशी मठ श्री बद्रीनाथ तीर्थ के रास्ते में पड़ता है। वहाँ से हम एक पहाड़ी गाँव की तरफ जा रहे थे। गाँव से पहले ही पहाड़ियों की ओट में एक संत की कुटिया मिली।

कुटिया क्या बस पाँच-छह लोगों के बैठने की छाँव भर थी। कुटिया में संत अपने एक शिष्य के साथ मौजूद थे। वे नारायणजी के परिचित थे और नारायणजी के साथ कुछ तंत्र साधनाएँ कर चुके थे। नारायणजी उन्हें 'बाबा महाराज' कहकर संबोधित कर रहे थे। 58 साल के बाबा महाराज कई सालों से पैदल यात्रा कर रहे थे। जहाँ छाँव बनती, वहाँ टिककर कुछ दिन विश्राम कर लेते। वहाँ भी ऐसा ही अस्थायी पड़ाव बनाया था। 22 दिन से टिके थे। आस-पास के कुछ गाँववालों को पता चला कि कोई सिद्ध संत रुके हैं। कुछ लोग उनके पास अपनी समस्याएँ लेकर आने लगे थे। बाबा महाराज उन्हें आशीर्वाद

देते। अधिकांश पर आशीर्वाद फलित होता था। लोगों का उनमें विश्वास बढ़ रहा था।

नारायणजी ने बताया कि जल्दी ही बाबा महाराज जगह बदल देंगे। जब समस्याएँ लेकर आनेवालों की गिनती बढ़ती है तो वे तुरंत जगह बदल देते हैं। उनकी बात सही निकली। कुटिया में बैठे तो बाबा महाराज ने बताया कि वे कल ही जगह बदल देंगे। यहाँ लोग ज्यादा आने लगे हैं।

बाबा की कुटिया में चाय बनाने का इंतजाम था। उनका शिष्य चाय बना लाया। मैंने नारियल के खोपड़े में पहली बार चाय पी। चाय पीने के दौरान ही कुटिया के बाहर से किसी के चिल्लाने की आवाज सुनाई दी। शोर सुनकर हम सब एक साथ कुटिया से बाहर आ गए। वहाँ एक युवक आक्रामक होकर चिल्ला रहा था। वह साथ आए तीनों लोगों पर गुर्रा-सा रहा था और उन पर हमलावर बना था।

युवक के साथ आए तीनों लोग ग्रामीण थे। वे बहुत डरे हुए थे। उन्होंने युवक का नाम सूरज बताया। कहा कि उस पर प्रेत सवार है। उनका कहना था कि दूसरे गाँव के ओझा ने उस पर प्रेत छोड़ दिया है।

बाबा महाराज ने मंत्र पढ़कर सूरज पर जल छिड़कना आरंभ किया; मगर उलटा असर हो रहा था। वह अधिक आक्रामक हुआ जा रहा था। कुछ देर कोशिश करने के बाद बाबा महाराज ने नारायणजी की तरफ देखा, जैसे उनसे सहयोग माँग रहे हों। नारायणजी ने अपने थैले से सिद्ध भस्म निकाली और लगभग झपटते हुए सूरज के सिर पर भस्म उड़ा दी। श्मशान में सिद्ध हुई भस्म ने असर दिखाया। सूरज लड़खड़ाता हुआ जमीन पर बैठ गया, जैसे उसे बलपूर्वक दबाकर बैठा दिया गया हो। कुछ देर बाद वह बेसुध-सा होकर लेट गया।

गाँववालों ने बताया कि पंद्रह दिन पहले दूसरे गाँव के ओझा ने कुपित होकर सूरज को मार देने की धमकी दी थी। तभी से वह बाधा का शिकार हो गया। बीच-बीच में उस पर प्रेत सवार हो जाता है। तब वह चिल्लाता-चीखता है, घर के लोगों को पीटने लगता है। चीजें फेंकता है। उसकी उग्रता से घर के कई लोगों को अपना इलाज कराना पड़ा।

अब खतरा था कि वह किसी की जान न ले ले। कई जगह झाड़-फूँक

कराई, मगर कोई फायदा नहीं हुआ। सबने बताया कि प्रेत बहुत शक्तिशाली है। वह जान लेकर ही जाएगा।

मुश्किल से 5 मिनट बीते होंगे कि सूरज ने दोबारा हरकतें शुरू कर दीं। वह फिर चिल्लाने लगा। इस बार उसका टारगेट बाबा महाराज और नारायणजी भी थे। उसने कई पत्थर उठाकर उन पर फेंक मारे। हालात गंभीर हो गए थे।

सागरजी और नारायणजी ने लगभग एक साथ मेरी तरफ देखा। दोनों जानना चाह रहे थे कि सूरज प्रेत बाधा का ही शिकार है या उसे इलीमेंट्स परेशान कर रहे हैं?

इस बीच मैं सूरज की एनर्जी चेक कर चुका था। उसके आभामंडल में किसी अन्य आभामंडल की मौजूदगी मिली, यानी कि वह प्रेत बाधा का ही शिकार था।

बाधाओं के शिकार लोगों में पाँच हजार में से एक-दो लोग ही प्रेत बाधा के शिकार होते हैं। बाकी लोग नकारात्मक इलीमेंट्स द्वारा पीड़ित होते हैं।

प्रेत बाधा हटाने के लिए आकाशीय बिजली की तरह चमकती इलेक्ट्रिक वायलेट एनर्जी कारगर होती है। उसके संपर्क में आते ही प्रेत बाधावाले प्लाज्मा के शरीर जलकर भस्म हो जाते हैं।

प्रेत का मतलब होता है—किसी का मृत्युयोपरांत भटका हुआ आभामंडल, जो कि पदार्थ की चौथी अवस्था प्लाज्मा का बना होता है। इसलिए साधारण आँखों से नहीं दिखता। किसी की प्रेरणा से या शरारतवश भटकते आभामंडल कमजोर आत्मबलवाले लोगों के आभामण्डल में घुस जाते हैं। ऐसी स्थिति में वे पर्सनैलिटी कैप्चर करके मनचाही हरकतें करा लेते हैं।

इसे काबू में करने के लिए सामान्य रूप से तीन तरीके प्रचलित हैं। पहला, मंत्रों के द्वारा शक्तिशाली लाल ऊर्जा उत्पन्न करके उन पर चोट की जाए और उन्हें दूर ढकेल दिया जाए या इलेक्ट्रिक वायलेट ऊर्जा की लपटें उत्पन्न करके उसे जला दिया जाए। दूसरे तरीके में भटके आभामंडल को सही दिशा में जाने का दिशा-निर्देश देकर मोक्ष मार्ग पर विदा कर दिया जाता है। तीसरा तरीका है—देवदूतों की मदद से या सुरक्षा चक्र बनाकर उसे बंधक बना लेना।

बाबा महाराज और नारायणजी द्वारा किए जा रहे, मंत्र प्रयोग से इलेक्ट्रिक

वायलेट एनर्जी उत्पन्न तो हो रही थी, मगर सूरज के आभामंडल में घुसा प्रेत उसकी चपेट में आने से पहले हट जा रहा था।

इस तरह के मामलों में यह स्थिति ही सबसे गंभीर होती है। इधर-उधर भटकाव के दौरान कुछ आभामंडल काफी इंटेलीजेंट हो जाते हैं। वे एनर्जी रीड कर लेते हैं। हमलावर ऊर्जा से बचने के लिए टारगेट को छोड़कर हट जाते हैं और मौका मिलते ही शिकार को दोबारा अपनी गिरफ्त में ले लेते हैं।

सूरज के साथ भी यही हो रहा था।

मंत्रों के द्वारा प्रक्षेपित इलेक्ट्रिक वायलेट ऊर्जा को अपनी तरफ आता देख प्रेत आभामंडल सूरज को छोड़कर हट जाता था, पर कुछ ही पल बाद दोबारा उसके आभामंडल में घुस जाता था। बाबा महाराज और नारायणजी इस हरकत से परेशान हो गए। उन्हें लगा, वे विफल हो रहे हैं। खतरा था कि प्रेत उन्हें नुकसान न पहुँचा दे।

सागर नाथजी ने मेरी तरफ देखा। वे सीधी ऊर्जाओं का उपयोग करना चाह रहे थे। मैंने 'हाँ' में सिर हिला दिया। सागरजी ने अपने ब्रह्मचक्र से इलेक्ट्रिक वायलेट इनर्जी उत्सर्जित करके बाएँ हाथ से उसके दोले बनाकर सूरज पर फेंकने शुरू किए। सूरज फिर जमीन पर गिर गया—थका हुआ, बेजान-सा।

सागरजी ने मुझसे कहा "गुरुवर, ये फिर लौट आएगा। उसके लिए सूरज को सुरक्षा दायरे में डाल दूँ क्या?"

"इससे भी काम नहीं बनेगा।" मैंने कहा, "सुरक्षा कवच हटने पर वह फिर लौटेगा। आप शिवगुरु से बाधा-निवारक देवदूतों की माँग करो।"

सागरजी ने ऐसा ही किया। उन्होंने शिवगुरु से बाधा-निवारक देवदूतों की माँग की। देवदूत प्राप्त होने पर उनसे सूरज को उपचारित करने और उस पर हावी प्रेत को बंधक बनाने का आग्रह किया।

देवदूतों ने उनका आग्रह स्वीकार किया।

अदृश्य देवदूतों द्वारा बाधा बने प्रेत को बंधक बना लिया गया था।

हमने उसे मोक्ष मार्ग पर जाने का दिशा-निर्देश दिया। उसने स्वीकार कर लिया।

सूरज धीरे-धीरे सामान्य होने लगा और कुछ देर बाद खुद उठकर बैठ

गया। मगर काफी कमजोर लग रहा था। बाबा महाराज को जड़ी-बूटियों का गहरा ज्ञान था। उन्होंने सूरज के लिए कुछ पहाड़ी जड़ी-बूटियाँ सुझाईं। उसे एक यंत्र बनाकर दिया, ताकि भविष्य में सुरक्षित रह सके।

कुछ देर बाद गाँववाले चले गए।

अगली सुबह तड़के ही बाबा महाराज ने उस डेरे को छोड़ दिया। उनका अगला पड़ाव केदारनाथ के रास्ते में कहीं पड़ने वाला था।

□

देवदूतों ने भयानक दुर्घटना से बचाया

मैंने कई शिव शिष्यों को शिवगुरु से देवदूतों की माँग करने का तरीका सिखाया। ज्यादातर ने सटीक परिणाम पाए हैं।

बनारस के हमारे मित्र सरन ने देवदूतों से सहायता का एक अनुभव बताया। उनके मुताबिक, एक दिन वे परिवार सहित कार से घूमने निकले थे। एक जगह फल खरीदने के लिए सड़क किनारे रुक गए। कार का इंजन बंद कर दिया। घर के सभी लोग कार के अंदर ही बैठे थे। तभी सामने से एक टैंपो बेकाबू-सा आता दिखा। टैंपो का ड्राइवर उस पर से अपना नियंत्रण खो चुका था। वह सड़क पर अपनी साइट छोड़कर दूसरी तरफ आ चुका था। बिलकुल सामने सरन की कार थी। कार में उनका परिवार था।

शिवगुरु को याद करते हुए सरन ने उनसे परिवार की रक्षा के लिए देवदूतों की माँग की। तब तक टैंपो कार के बिलकुल पास आ चुका था। तभी लोगों ने वहाँ चमत्कार देखा। कार से तीन-चार फीट पहले ही टैंपो आगे से उछल-सा गया। उसके आगे के पहिए हवा में लटक गए। टैंपो पिछले पहियों पर ऐसे खडा हो गया जैसे बिगड़ा हुआ हाथी बलपूर्वक रोक दिया गया हो। सबकी साँसें अटकी रह गईं। जब टैंपो के हवा में उठ गए आगे के पहिए नीचे आए, तब देखा कि टैंपो कार के बोनट से टच हो रहा था।

सबने देखा कि किसी अदृश्य शक्ति ने टैंपो को रोक दिया। सरन और उनका परिवार बच गया। सड़क पर आ-जा रहे लोग थोड़ी देर पहले जो हुआ, उस पर यकीन ही नहीं कर पा रहे थे। बाद में पता चला कि टैंपो के ब्रेक फेल हो गए थे।

सरन ने घर जाकर सबसे पहले मखाने की खीर बनाई और शिव मंदिर जाकर रक्षा करनेवाले देवदूतों को अर्पित की।

ऐसी अनगिनत घटनाएँ हैं, जो शिवगुरु द्वारा देवदूतों की नियुक्ति को प्रमाणित करती हैं।

जिस काम से दूसरों को नुकसान न हो, उस हर जरूरत के लिए शिवगुरु देवदूतों की सहायता पहुँचाते हैं।

विश्वास के साथ जब कभी आप शिवगुरु से देवदूतों की माँग करेंगे, तब निराश नहीं होंगे।

यह आपका अधिकार है। इसे विनम्रता के साथ हासिल करें।

देवदूतों की सहायता से निश्चित ही जीवन की कठिनाइयों को हटाया जा सकता है। सहायता लेने से पहले देवदूतों के बारे में ठीक से जान लेना जरूरी है। देवदूतों की दुनिया, उनकी आत्मा, उनके देवता, उनसे संपर्क के विज्ञान की जानकारी हो तो उनकी सहायता आसान हो जाती है। उनको अपने जीवन में शामिल करना आसान होता है।

□

देवदूतों की दुनिया

देवदूतों की दुनिया जानने से पहले कुछ वैज्ञानिक सत्य समझने होंगे।

जिस दुनिया में हम जी रहे हैं, वह थ्री-डी अर्थात् 3 आयाम में है।

इसका एक भाग हमेशा छिपा रहता है।

इस बात को ठीक से समझने के लिए पहले आयाम, अर्थात् आयाम को जान लेते हैं।

जब हम कहीं खिंची लाइन देखते हैं तो 1 डी अर्थात् एक आयाम देख रहे होते हैं। एक आयाम में सिर्फ लंबाई दिखती है। जब कोई तसवीर देखते हैं तो वह 2 आयाम में दिखती है। 2 आयाम में लंबाई के साथ चौड़ाई भी दिखती है। जब किसी वस्तु को देखते हैं तो 3 आयाम में दिखती है, अर्थात् उसके तीन भाग दिखते हैं। तीसरा भाग उसकी गहराई या ऊँचाई के रूप में दिखता है। 2 की जगह 3 आयाम दिखने पर चीजें अधिक साकार और सजीव दिखती हैं।

थ्री-डी फिल्मों को इसी तरह से पेश किया जाता है।

सामने मौजूद किसी भी चीज को चारों तरफ से देखा जाए तो ही उसे पूरी तरह जाना जा सकता है। मगर आँखें सिर्फ थ्री-डी ही देख पाने में सक्षम होती हैं। वस्तु के पीछे का भाग उसी के पीछे छिपा रहता है, जिसे आँखें नहीं देख पातीं।

इस तरह हर वस्तु, व्यक्ति, स्थान का एक आयाम सामान्य दृष्टि से छिपा रहता है। इसी तरह दुनिया का एक आयाम हमसे छिपा रहता है।

यदि हमें 4-डी अर्थात् चतुर्थ आयाम की दृष्टि मिल जाए तो हम छिपी

हुई दुनिया को भी देख सकते हैं।

विज्ञान इस पर काम कर रहा है। कलियुग मशीनों, यानी विज्ञान का युग होता है, इसलिए एक-न-एक दिन ऐसे यंत्र बना ही लिये जाएँगे, जिससे फोर्थ आयाम को देखा जा सके। ठीक उसी तरह जैसे मूवी को थ्री-डी में देखने के लिए थ्री-डी चश्मे का आविष्कार हुआ।

तब सामान्य लोग भी फोर्थ आयाम को देख सकेंगे।

अभी सिर्फ आध्यात्मिक व सिद्ध लोग ही इसे देखने में सक्षम हैं। वही लोग वहाँ तक पहुँच पाते हैं।

इसी फोर्थ आयाम में देवदूतों की दुनिया होती है।

फोर्थ आयाम को जानने से पहले हम कुछ वैज्ञानिक उपलब्धियों की चर्चा करते चलें, ताकि आध्यात्मिक सिद्धियाँ और विज्ञान का रिश्ता समझ में आ जाए।

इससे देवदूतों और उनकी गतिविधियों को समझने में आसानी होगी।

महाभारत काल में टी.वी. व इंटरनेट आदि नहीं थे। तब महर्षि वेदव्यास ने संजय को दिव्य दृष्टि दी। दिव्य दृष्टि अर्थात् दूर से देख लेने की क्षमता। ऐसी क्षमता सिद्धियाँ प्राप्त लोगों में ही होती थीं या देवी-देवताओं में थीं। जिससे वे सैकड़ों, हजारों किलोमीटर दूर घट रही घटनाओं को सजीव देख लेते थे।

महर्षि वेदव्यास से दिव्य दृष्टि पाकर संजय ने महल में बैठे अंधे धृतराष्ट्र को युद्ध का लाइव हाल सुनाया।

तब यह क्षमता सामान्य व्यक्ति में नहीं थी।

कलियुग में विज्ञान ने इस दिशा में काम किया। अब टी.वी. पर हर व्यक्ति अपने घर में बैठकर हजारों किलोमीटर दूर घट रही घटनाओं को लाइव देख लेता है।

यहाँ बताते चलें कि फोर्थ आयाम में लोग बिना टी.वी. या किसी यंत्र के भी सारी दुनिया को देख लेते हैं। वे वहाँ से दुनिया के किसी भी कोने में हो रही बातों को सुन लेते हैं।

पहले आध्यात्मिक लोग दूर श्रवण की सिद्धियाँ अर्जित करते थे, उससे दूर हो रही बातों को सुन लिया करते थे।

कलियुग में विज्ञान ने इस पर भी काम किया। अब लोग मोबाइल के द्वारा दूर बैठे लोगों की बातें सुन लेते हैं, उनसे अपनी बात कह लेते हैं।

इसी तरह एक समय ऐसा आएगा, जब लोग यंत्रों के द्वारा फोर्थ आयाम के लोगों को देख सकेंगे और उनसे संपर्क भी स्थापित कर सकेंगे।

❑

फोर्थ आयाम : एक अदृश्य दुनिया

छिपी हुई दुनिया।

विज्ञान की भाषा में इसे 'फोर्थ आयाम' कहा जाता है। जहाँ लोग हैं, उनकी गतिविधियाँ हैं, उनके कामकाज हैं। फिर भी वे लोगों को दिखाई नहीं देते। साधारण दृष्टि उन्हें देख नहीं पाती। हिमालय सहित धरती पर ऐसे कई क्षेत्र हैं। बरबूडा त्रिकोण के बारे में अधिकांश लोगों ने सुना या पढ़ा है। वह भी ऐसे ही क्षेत्रों में से है।

कैलास पर्वत पर सजीव शिवलोक है। मगर किसी को नजर नहीं आता, क्योंकि वह उच्च आयाम में है। इनसान ही नहीं, कई देवी-देवता भी कैलास पर शिवलोक को नहीं देख पाते, क्योंकि उनके लोक (उनकी दुनिया) का आयाम शिवलोक से नीचे का है।

नीचे के आयाम में रहनेवाले लोग अपने से उच्च आयाम के जीवों और उनकी गतिविधियों को नहीं देख सकते।

उदाहरण के लिए, चींटियों की अपनी दुनिया होती है। वहाँ भी राजकाज चलता है। उनकी रानी, इंजीनियर और मजदूर सहित कई वर्ग होते हैं। रानी चींटियों का नेतृत्व करती है, ताकि अन्य चींटियाँ इधर-उधर भटक न जाएँ। उसके राज्य की सारी चींटियाँ रानी चींटी की गंध के जरिए उसके इर्द-गिर्द ही केंद्रित रहती हैं। इंजीनियर चींटियाँ घर व भंडार घर का निर्माण करती हैं। मजदूर चींटियाँ यहाँ-वहाँ से खाना लाकर भंडार घर में एकत्र करती हैं। फिर वे सब मिल-बाँटकर खाती हैं।

इस तरह चींटियाँ भी सुनिश्चित नियमों के तहत जीवन जीती हैं।

उनकी दुनिया 1 आयाम में होती है। वे 1-डी ही देखती हैं। इसलिए वे हमें नहीं देख पातीं। अधिकांशत: वे सूँघकर चीजों का पता लगाती हैं।

इसी तरह बहुत से जीव ऐसे हैं, जिनकी दुनिया 2 आयाम में है। वे 1 व 2 आयामवालों को देख सकते हैं, मगर 2 आयाम के ऊपरवालों को नहीं देख सकते।

हम 3 आयाम में हैं। ब्रह्मांडीय नियमों के तहत हमारी आँखों की संरचना 1, 2 और 3 आयाम को देखने में सक्षम हैं; मगर इससे ऊपर के आयाम नहीं देख सकते, वहाँ आ-जा नहीं सकते।

उन्हें देखने के लिए विशेष साधनाएँ और सिद्धियाँ अर्जित करनी होती हैं। साधक उच्च क्षमताओंवाले होते हैं। अपनी सिद्धियों से वे तीसरे आयाम से ऊपर के आयामों में प्रवेश पा लेते हैं, उन्हें देख लेते हैं, सुन लेते हैं।

अध्यात्म की दुनिया में उन्हें सिद्धों की श्रेणी में रखा गया है। कई सिद्ध ऐसे भी होते हैं, जो अपने साथ सामान्य व्यक्ति को भी ऊपर के आयाम में ले जाने में सक्षम होते हैं।

देवदूतों की दुनिया चौथे आयाम में है। वे वहीं से हमें देख सकते हैं, सुन सकते हैं। प्रेरणा शक्ति से हमसे अपनी बात मनवा सकते हैं। वे हमारी दुनिया में आ-जा सकते हैं, मगर चौथे आयाम से ऊपर के आयाम में वे भी प्रवेश नहीं कर सकते, उन्हें नहीं देख सकते।

कुछ देवदूत उच्च क्षमताओंवाले होते हैं। वे अपने ऊपर के आयामों में प्रवेश पा लेते हैं, उन्हें देख लेते हैं, सुन लेते हैं।

इसी तरह देवी-देवताओं की दुनिया अलग-अलग आयामों में बनी है।

अध्यात्म में उन्हें लोक कहा जाता है। हर लोक का अलग आयाम होता है। उन पर भी ब्रह्मांड का सामान्य नियम लागू होता है, जिसके मुताबिक निम्न आयामवाले लोग उच्च आयामवालों को नहीं देख सकते। उच्च आयामवाले निम्न आयामवालों को देख सकते हैं, सुन सकते हैं, वहाँ आ-जा सकते हैं, उनसे अपनी बात मनवा सकते हैं।

धरती पर कैलास पर्वत पर मौजूद शिवलोक का आयाम सबसे उच्च है। अन्य देव लोकों वाले उसे नहीं देख सकते। वहाँ की गतिविधियाँ नहीं देख

सकते। उनका वहाँ सामान्य प्रवेश नहीं है। कैलास के शिवलोक में प्रवेश के लिए सभी देवी–देवताओं को विशेष अनुमति की जरूरत होती है, जबकि कैलास में रहनेवाले शिवलोक के लोग कहीं भी जा सकते हैं।

ऐसा उनके उच्च आयाम में निवास के कारण है।

धरती पर होने के बावजूद धरतीवासी भी कैलास के शिवलोक को नहीं देख पाते।

जिस तरह 1 आयामवाली चींटियों की दुनिया हमारे बीच होने के बावजूद वहाँ के जीव हमारी दुनिया को सीधे नहीं देख सकते, उसी तरह उच्च आयामवाली दुनिया हमारे बीच होते हुए भी हम उन्हें नहीं देख सकते।

हम यहाँ देवदूतों पर बात कर रहे हैं, इसलिए चर्चा देवदूतों की दुनिया पर वापस लाते हैं।

चतुर्थ आयाम।

जहाँ का विज्ञान हमारी तुलना में अत्यधिक प्रखर है। आयाम की उच्चता बढ़ने के साथ ही विज्ञान प्रखर होता जाता है। वहाँ समय की सीमा बदलती जाती है। इसी कारण उच्च आयामों में रहनेवालों की उम्र बढ़ती जाती है।

चतुर्थ आयाम में लोगों की उम्र हजारों साल है। वहाँ का एक दिन हमारी दुनिया के सालों के बराबर होता है। अर्थात् यदि 10 साल का बच्चा चतुर्थ आयाम में प्रवेश कर जाए. वहाँ एक दिन रहे तो जब वह वापस लौटेगा, तब पाएगा कि उसके साथ के बच्चे या तो बूढ़े हो चुके हैं या अपना जीवन पूरा करके दुनिया से जा चुके हैं।

इस बात को समझने के लिए हम फिर एक आयामवाली चींटियों की दुनिया की चर्चा करते हैं। जब तक हम अपने जीवन का एक महीना पूरा करते हैं, उतने दिनों में लाखों चींटियाँ अपना जीवन काल पूरा करके दुनिया छोड़ चुकी होती हैं।

छोटा आयाम, छोटी उम्र।

बड़ा आयाम, लंबी उम्र।

ब्रह्मांडीय नियमों के तहत उच्च आयाम में समय की गति धीमी होती जाती है, वहाँ के दिन–रात लंबे होते जाते हैं। उसी अनुपात में उम्र लंबी होती है।

चतुर्थ आयाम में सामान्य जीवन हमारे 10 हजार साल के बराबर होता है। वहाँ भूख-प्यास का अहसास नहीं होता। वहाँ के लोग बीमार नहीं होते। उन्होंने सूक्ष्म शरीर के नियमों को जीत लिया है।

वहाँ रहनेवाले लोग बिना यंत्र के तमाम ग्रहों की गतिविधियों को देख सकते हैं, बिना यंत्र के वहाँ की बातें सुन सकते हैं। बिना यंत्र के वहाँ आ-जा सकते हैं।

वे अपनी साँसों को यंत्र की तरह इस्तेमाल करना जानते हैं। अपने मन को विमान की तरह उपयोग करना जानते हैं। इसी कारण मन की गति से आ-जा सकते हैं। सूर्य के प्रकाश को ईंधन की तरह उपयोग करते हैं। जीवन के तमाम छिपे हुए रहस्यों का उपयोग जानते हैं। इसी कारण सरलता से ऐसे काम भी कर लेते हैं, जो हमें असंभव लगते हैं। चमत्कार लगते हैं।

चतुर्थ आयाम में रहनेवाले लोग सदैव लोक-कल्याण में लगे रहते हैं।

इसी काम के लिए उनकी नियुक्ति होती है।

चतुर्थ आयाम में कोई पैदाइशी नहीं पहुँचता। ब्रह्मांड संचालक द्वारा नियुक्ति के आधार पर ही वहाँ जनसंख्या बढ़ती है। कर्म-भावना के आधार पर लोगों की नियुक्ति सुनिश्चित की जाती है। वहाँ की नियुक्ति का अधिकार त्रिदेवों के पास है। साथ ही चतुर्थ आयाम में रहनेवाले विद्वान् अपने सहयोग के लिए समय-समय पर क्षमतावान् लोगों का चयन करते रहते हैं।

चतुर्थ आयाम में सिर्फ उन्हें ही प्रवेश मिलता है, जो भौतिक जीवन में अत्यधिक क्षमतावान रहे हैं। उच्च क्षमतावान् ऋषि-मुनि, सिद्ध संत, विज्ञान के ज्ञाता, गणितज्ञ, औषधियों के ज्ञाता, सामाजिक जीवन के विशेषज्ञ, उच्च क्षमतावान् आध्यात्मिक गुरु आदि चतुर्थ आयाम में नियुक्ति के पात्र होते हैं। इसके साथ ही वहाँ वीरों की भी नियुक्ति होती है।

वहाँ महिला-पुरुष सभी होते हैं।

चतुर्थ आयाम में प्रवेश पानेवाले लोग भौतिक शरीर के मोहताज नहीं होते। वहाँ पंच तत्त्वों से बने स्थूल शरीर की अनिवार्यता नहीं होती। ज्यादातर लोग सूक्ष्म शरीर के साथ वहाँ रहते हैं; मगर कुछ लोग स्थूल शरीरवाले भी होते हैं जरूरत के मुताबिक सिद्ध लोगों द्वारा वे वहाँ पहुँचाए जाते हैं।

उद्‌देश्य पूरा होने पर उन्हें तीसरे आयाम में वापस भेज दिया जाता है।

चतुर्थ आयाम में सूक्ष्म शरीर का ही जीवन है। जो स्थूल शरीरवाले लोग पहुँचते हैं, वे भी वहाँ जाकर सूक्ष्म हो जाते हैं।

इस बात को समझने के लिए विज्ञान पर वापस आना होगा।

खोजी वैज्ञानिकों का कहना है कि मानवीय शरीर को मैग्नीफाई करते जाएँ तो एक स्थिति पर वह गैस की तरह दिखने लगेगा।

सूक्ष्म शरीर ऐसा ही होता है।

□

संजीवनी प्राणायाम से अदृश्य दुनिया में प्रवेश की विधि

फोर्थ आयाम या चतुर्थ आयाम की अदृश्य दुनिया से संपर्क के लिए संजीवनी प्राणायाम अचूक साधना है। इसके लिए सक्षम साधक 2 से 4 घंटे तक लगातार प्राणायाम करते हैं।

जो साधक चौथे आयाम की सिद्ध दुनिया से संपर्क करना चाहते हैं व वहाँ प्रवेश करना चाहते हैं, उनके लिए संजीवनी प्राणायाम की विधि बता रहा हूँ। लेकिन ध्यान रहे, एक घंटे से अधिक का प्राणायाम करना हो तो सक्षम मार्गदर्शक गुरु की देख-रेख में ही करें, क्योंकि प्राणायाम के समय शरीर और मन शून्यता को ग्रहण करने लगते हैं। शून्यता का अर्थ है—ब्रह्मांड का हिस्सा बन जाना। ऐसे में ब्रह्मांड के तमाम रहस्य मस्तिष्क में खुलने लगते हैं, जिनको लेकर सही मार्गदर्शन न मिले तो साधक भ्रम के शिकार होते हैं। उनके भौतिक जीवन और आध्यात्मिक जीवन का तालमेल खत्म हो जाता है, जिससे भौतिक जीवन में अनेक तरह के व्यतिरेक उत्पन्न हो जाते हैं।

यह स्थिति ही चिंताजनक होती है। ऐसे में व्यक्ति न तो अध्यात्म को आत्मसात् कर पाता है और न ही भौतिक जीवन जीने में सक्षम बचता है।

संजीवनी प्राणायाम की विधि

इसके लिए संजीवनी मंत्र ऊँ. ह्रौं. जूँ. सः का जप करते हुए साँस को नाक से अंदर लें। धीरे-धीरे पेट की गहराई तक खींचें। थोड़ी देर साँस को रोकें। फिर संजीवनी मंत्र ऊँ. ह्रौं. जूँ. सः का जप करते हुए धीरे-धीरे छोड़ें। थोड़ी देर साँस

रोकें। इस क्रम को लगातार दोहराएँ।

ध्यान रहे, प्राणायाम के समय साँस पेट से लेनी है, अर्थात् जब साँस अंदर लें तो पेट में ऑक्सीजन भरने से उसे फूलना चाहिए। जब साँस बाहर निकालें तो पेट पिचकना चाहिए।

साँस लेने और छोड़ने के बीच औसतन आधे समय का अंतर हो। अर्थात् साँस लेते और छोड़ते समय 6-6 सेकंड का समय लगे तो रोकने में 3-3 सेकंड का समय लगाएँ।

□

देवदूतों की आत्मा

क्या देवदूतों में भी आत्मा होती है?

हाँ, सभी प्राणियों में आत्मा होती है।

जीवन आत्मा का ही सफर है, जिसके लिए शरीर बदलते रहते हैं। कभी इनसान, कभी पशु, कभी कीड़े-मकोड़े, कभी राक्षस, कभी देवदूत—कभी धरती पर, कभी दूसरे ग्रह पर। 84 लाख योनियों का सफर।

देवदूतों की गतिविधियों को जानने के लिए उनकी आत्मा और सूक्ष्म शरीर के संबंध को समझना होगा।

आत्मा परमात्मा का अंश है, सब जानते हैं।

आत्मा एक ऊर्जा अंश है। जब कोई जन्म होना होता है तो परमात्मा अपनी ऊर्जाओं का एक अंश निकालकर उसे जिम्मेदारी सौंपते हैं। इस अंश को आत्मा के नाम से पहचाना जाता है, जो अपरिवर्तनीय होती है। 'गीता' में भगवान् श्री कृष्ण कहते हैं, "आत्मा को बदला नहीं जा सकता, प्रभावित नहीं किया जा सकता, काटा या जलाया नहीं जा सकता। खत्म नहीं किया जा सकता। इस पर भले-बुरे का कोई प्रभाव नहीं पड़ता"

अर्थात् आत्मा को दुनियादारी से प्रभावित हुए बिना काम करना होता है।

इसके लिए परमात्मा हर आत्मा को ब्रह्मांडीय ऊर्जा का आरवण देते हैं, जिसे सूक्ष्म शरीर कहा जाता है, जो समय, काल-स्थितियों के हिसाब से परिवर्तनशील होता है। इस पर भले, बुरे का भी प्रभाव पड़ता है।

सूक्ष्म शरीर आत्मा का माध्यम होता है।

स्थूल शरीर सूक्ष्म शरीर का माध्यम होता है।

सूक्ष्म शरीर को आभामंडल, प्रभामंडल, इथरिक बॉडी आदि विभिन्न नामों से जाना जाता है। सूक्ष्म शरीर पंचतत्त्वों के माध्यम से स्थूल शरीर का निर्माण करता है।

गर्भ-धारण के बाद सबसे पहले सूक्ष्म शरीर गर्भ में स्थापित होता है। उसके कुछ दिनों बाद गर्भ में स्थापित सूक्ष्म शरीर में आत्मा का प्रवेश होता है। फिर सूक्ष्म शरीर स्थूल शरीर का निर्माण आरंभ करता है। पंचतत्त्वों के माध्यम से सूक्ष्म शरीर एक-एक करके अंगों का निर्माण करता है। इस तरह गर्भ में स्थूल शरीर का निर्माण और विकास होता है।

सूक्ष्म शरीर जन्म के बाद स्थूल शरीर के विकास की प्रक्रिया जारी रखता है। आत्मा के लिए ईश्वर द्वारा निर्धारित उत्तरदायित्व को पूरा करने के लिए सूक्ष्म शरीर स्थूल शरीर को माध्यम बनाता है। उसके लिए स्थूल शरीर को तैयार करता है, मन को तैयार करता है।

सही मायने में जीवन का संचालन सूक्ष्म शरीर ही करता है। कोई व्यक्ति योग्य होगा या अयोग्य, स्वस्थ होगा या बीमार, प्रसिद्ध होगा या गुमनाम, अमीर होगा या गरीब, सुखी होगा या दुःखी—ये सब सूक्ष्म शरीर ही तय करता है।

स्थूल शरीर पर भावनाओं का सीधा असर पड़ता है। इसलिए यह भले-बुरे से हर क्षण प्रभावित होता रहता है। यह कई जन्मों की ऊर्जाओं को साथ लेकर चलता है। इसी कारण कई लोगों का जीवन पूर्व जन्म की घटनाओं से प्रभावित रहता है। न समझ में आनेवाली परेशानियाँ अकारण दुःख का कारण बनती हैं। अध्यात्म की भाषा में इसे, कर्मों का फल, करार दिया जाता है।

स्थूल शरीर की तरह सूक्ष्म शरीर के भी अंग होते हैं, जिन्हें 'आभामंडल' और 'ऊर्जा चक्र' कहते हैं। ये पंचतत्त्वों और ग्रहों की रंगीन की ऊर्जाओं से पोषित होते हैं। इन्हें ठीक करके जीवन को आसान और सफल बनाया जा सकता है। मोक्ष के शास्त्र 'गरुड पुराण' में सूक्ष्म शरीर आभामंडल व ऊर्जा चक्रों के बारे में विस्तार से व्याख्यान है।

मोक्ष के लिए भी इनका ठीक होना जरूरी है।

मृत्यु।

जीवन की अंतिम घटना।

जिसमें आत्मा और सूक्ष्म शरीर को स्थूल शरीर छोड़ देना होता है।

मोक्ष के लिए अनिवार्य है कि मृत्यु के समय आत्मा और ब्रह्मांडीय ऊर्जा से बना सूक्ष्म शरीर एक साथ स्थूल शरीर को छोड़ें। आत्मा अपरिवर्तनीय है। नियति द्वारा निर्धारित समय पर वह शरीर छोड़कर निकल जाती है। मगर आभामंडल परिवर्तनशील है। मृत्यु के समय यदि व्यक्ति की भावनाएँ कहीं अटकी हैं तो वह आभामंडल वहाँ से जुड़ जाता है। ऐसे में वह आत्मा के साथ शरीर नहीं छोड़ पाता, पिछड़ जाता है।

आत्मा निर्धारित गति से गंतव्य को चली जाती है। सूक्ष्म शरीर भावनाओं के भटकाव में अटककर यहीं रुक जाता है। गंतव्य तक जाने के लिए सूक्ष्म शरीर को आत्मा की ऊर्जा और मार्गदर्शन की जरूरत होती है। आत्मा के चले जाने के बाद उसमें जाने के लिए न तो पर्याप्त ऊर्जा बचती है और न ही वहाँ तक जाने की समझ।

सूक्ष्म शरीर छोड़कर गई आत्मा को ब्रह्मांड संचालक द्वारा दूसरा काम नहीं सौंपा जाता। उसके सफर को आवंटित सूक्ष्म शरीर के वापस लौटने तक स्थगित कर दिया जाता है। इस अवधि में आत्मा निरुद्देश्य पड़ी रहती है।

इसे ही 'आत्मा का भटकना' कहते हैं।

वास्तव में आत्मा नहीं, बल्कि उसके लिए आवंटित सूक्ष्म शरीर भटक रहा होता है, जिसे लोग असंतुष्ट पितृ या भूत कहते हैं। आत्मा के बिना गंतव्य तक पहुँचने के लिए भटकते सूक्ष्म शरीर को अतिरिक्त ऊर्जा और मार्गदर्शन की जरूरत होती है, जिसे पाने की आकांक्षा में आभामंडल अपने कुल के लोगों के पास जाता रहता है। इस प्रक्रिया के दौरान वंशजों का आभामंडल भटकती दूषित ऊर्जा से बिगड़ता रहता है। बिगड़ा आभामंडल सदैव दुःख पैदा करता है।

लोग इस स्थिति को 'पितृ दोष' के नाम से जानते हैं।

वंशजों द्वारा कराई जानेवाली पितृ-पूजा, तर्पण, श्राद्ध आदि के दौरान मंत्रों से उत्पन्न ऊर्जा भटकते आभामंडल को उर्जित करती है। साथ ही कर्मकांड के दौरान विद्वानों द्वारा मोक्ष का मार्गदर्शन दिया जाता है। मार्गदर्शन और मंत्रों की ऊर्जा से भटकते आभामंडल गंतव्य तक पहुँचने लायक हो जाते हैं। उनके लौटते ही आत्मा पुनः परमात्मा द्वारा सौंपी अगली जिम्मेदारी निभाने के लिए रवाना हो

जाती है। इस तरह से गुजरे जन्म का अध्याय बंद हो जाता है।

इसे 'मोक्ष' कहा जाता है।

'गरुड पुराण' में आभामंडल और ऊर्जा चक्रों को जाग्रत् रखने की प्रेरणा है, ताकि मृत्यु तक व्यक्ति अपनी जिम्मेदारियों को ठीक से निभा ले। मृत्यु के समय उसकी भावनाएँ कहीं अटकी न रह जाएँ।

देवदूतों की आत्मा भी इसी सिद्धांत पर सूक्ष्म शरीर के साथ रहती है।

□

देवदूतों की मृत्यु का सिद्धांत

देवदूतों के मामले में मृत्यु का सिद्धांत थोड़ा बदल जाता है।

साफ नीयत और पक्के इरादों के कारण उनका आभामंडल कभी नहीं भटकता। लक्ष्य पर ध्यान केंद्रित करके कर्म करने के कारण भी उनका आभामंडल कभी नहीं भटकता।

भौतिक मृत्यु के समय वे स्थूल शरीर तो छोड़ देते हैं, लेकिन उनका सूक्ष्म शरीर और आत्मा परमात्मा के गंतव्य तक नहीं जाते। उन्हें चतुर्थ आयाम में रोक लिया जाता है।

चतुर्थ आयाम में नियुक्ति एक तरह से उनका नया जन्म होता है।

जो लोग भौतिक जीवन में परमार्थी होते हैं, जो अपने लक्ष्य से कभी नहीं भटकते, जिनकी नीयत कभी भी किसी को दु:ख देने की नहीं होती, जो दूसरों की सहायता के लिए सदैव तत्पर रहते हैं, जिन्होंने ब्रह्मांडीय सत्ता द्वारा सौंपे गए दायित्वों का निर्वहन भलीभाँति करते हैं, ईश्वरीय सत्ता में अटूट विश्वास रखते हैं। जो निर्दोष भाव से दूसरों के जीवन की रक्षा करते हैं, ऐसे लोगों में से उच्च क्षमतावाले लोगों को चतुर्थ आयाम के लिए चुना जाता है।

चतुर्थ आयाम में नियुक्त लोग निस्संदेह सर्वोच्च श्रेणी के होते हैं। क्षमतानुसार उनमें से कुछ लोग आध्यात्मिक और वैज्ञानिक अनुसंधान में लगे रहते हैं, जिससे ब्रह्मांड के रहस्यों और सुविधाओं का लोक-हित में अधिकतम उपयोग किया जा सके। हजारों साल पहले शरीर छोड़ चुके ऋषि-मुनि, सिद्ध साधु-संत विभिन्न चतुर्थ आयामों में अभी भी मौजूद हैं। उनके अनुसंधान अनवरत जारी हैं।

साधना और अनुसंधान वाले वर्ग के अलावा चतुर्थ आयाम में देवदूतों का

वर्ग भी होता है, जो देव इच्छा पर लोगों की सहायता करते हैं। वे तन-मन-धन—हर तरह से लोगों की मदद करने में सक्षम होते हैं।

भौतिक शरीर छोड़कर सूक्ष्म शरीर में जीवन जी रहे ऋषि-मुनि, साधु-संत, पीर-पैगंबर, आध्यात्मिक गुरु देवदूतों के रूप में जरूरतमंदों की सहायता करते हैं।

□

देवदूतों के देवता

मददगार देवदूतों की गिनती करोड़ों में है।

33 करोड़ देवी-देवताओं में अधिकांश देवदूत ही हैं।

देवदूतों के भी देवता होते हैं, जो उनके अधिपति होते हैं। अधिपति देव के नाम से देवदूतों के वर्ग होते हैं।

सभी देवदूत अपने अधिपति देवों की इच्छा और निर्देशों को प्राथमिकता देते हैं। कोई भी देवदूत स्वतंत्र प्रभार का नहीं होता।

देवदूतों के मुख्यतः दो वर्ग हैं। एक वर्ग भगवान् शिव के देवदूतों का है, दूसरा भगवान् विष्णु का। ब्रह्माजी के देवदूतों की संख्या बहुत सीमित है। कुछ देवदूत माता दुर्गा, माता लक्ष्मी, माता सरस्वती के अधीनस्थ होते हैं। कुछ देवदूतों के भी देवदूत होते हैं। ऐसे देवदूत, जिनके अधीनस्थ देवदूत होते हैं, वे अत्यधिक क्षमतावाले होते हैं; जैसे भैरवजी। अत्यधिक क्षमतावाले देवदूत ब्रह्मांड के विभिन्न आयामों में आ-जा सकते हैं; जैसे हनुमान जी।

कुछ देवदूत अपने अधिपति देवताओं की सेवा में रहते हैं। जहाँ उनके देवता रहते हैं, वहीं वे भी रहते हैं। इस कारण उनका निवास चतुर्थ की बजाय उससे उच्च आयाम में होता है, जैसे नंदी भगवान् शिव के वाहन हैं और उनके दूत भी। वे उनके साथ शिवलोक में रहते हैं। जो सबसे उच्च आयाम में है। गरुड़ भगवान् विष्णु के दूत हैं, उनके वाहन भी। वे विष्णु लोक में रहते हैं। वह भी उच्च आयाम में है।

देवदूत अपने अधिपति देवताओं की इच्छा पर लोगों की सहायता करते हैं। इसके साथ ही वे लोगों की निजी पुकार पर भी लोक-हित के कार्य करते

हैं। कई देवदूतों को साधक सिद्ध कर लेते हैं और उनसे अपनी इच्छानुसार मदद प्राप्त करते हैं।

देवदूतों को सिद्ध करने का विधान भगवान् शिव द्वारा निर्धारित किया गया है। इसलिए सभी देवदूतों को उसके अनुसार सिद्ध साधकों के लिए काम करना होता है।

देवदूत अपने काम की प्राथमिकता में अधिपति देवता की इच्छा को पहले नंबर पर रखते हैं। दूसरे नंबर पर सिद्ध साधकों की बात मानते हैं। तीसरे नंबर पर भक्तों की निजी तौर पर की गई पुकार सुनते हैं।

कलियुग के भक्तों ने देवताओं की तरह देवदूतों के भी मंदिर बनवाने शुरू कर दिए हैं।

मगर देवदूतों की पूजा-पाठ में दो बातों का विशेष ध्यान रखना चाहिए। पहली बात यह कि देवदूतों के काम की एक सीमा होती है। वे देवताओं की तरह सारे काम नहीं कर सकते। वे नियति बदलने की कोशिश कभी नहीं करते। जो देवदूत जिस क्षमता वर्ग का है, वह उसी तरह की कामना पूरी करेगा। इसी कारण देवदूतों के मंदिरों में मनौती माँगनेवाले सभी भक्तों की कामना पूरी नहीं होती। जो कामना उस देवदूत के कार्यक्षेत्र की है, वही पूरी होगी। बाकी की पूजा-पाठ परिणाम नहीं देती।

दूसरी बात यह कि देवदूतों की भक्ति में नियमों और मर्यादाओं का पालन अनिवार्य होता है। उन्हें अपनी सुविधानुसार तोड़ा-मरोड़ा गया तो परिणाम नहीं मिलते। उलटे कई बार उनके दुष्परिणाम भी सामने आते हैं।

भक्ति में चूक या साधना नियमों का उल्लंघन देवदूतों को अच्छा नहीं लगता। ऐसे में वे सीधे पुकार रहे लोगों के संपर्क में नहीं आते। तब पुकार बेकार चली जाती है।

यही कारण है कि देवदूत वर्ग के मंदिरों में पूजा-पाठ करनेवाले तमाम लोगों की प्रार्थनाएँ फलित नहीं होतीं।

देवदूतों की सुनिश्चित मदद प्राप्त करने का सटीक तरीका है—उनके अधिपति देवता से प्रार्थना। सूक्ष्म रूप से देखने पर कई बार बड़ी ही चौंकानेवाली बात पता चलती है। जब किसी देवता की पूजा-साधना की जाती है तो उसके

अधीनस्थ देवदूत स्वतः वहाँ चले आते हैं। जब उन्हें लगता है कि भक्त की भावनाएँ देव भावनाओं के अनुकूल हैं तो वे अपने देवता की इच्छा से पहले ही उनके भक्त की मदद करने लगते हैं। कई बार तो देवदूत अपने देवताओं के भक्तों की पूजा-पाठ में भी मदद करते हैं। साधनाओं के दौरान उन्हें स्वयमेव सुरक्षा प्रदान करते हैं, ताकि उनके देवता का भक्त अविचल भक्ति कर सके

यहाँ संदर्भवश बताता चलूँ कि देवताओं ने अपने भक्तों को बड़ी छूट दे रखी है। उनकी भक्ति के नियम लचीले हैं। वे देवदूतों की भक्ति की तरह कठोर नहीं हैं।

हनुमान्जी की शक्तियाँ विशाल हैं। वे देवी-देवताओं के अन्य उच्च आयामों तक आसानी से पहुँच जाते हैं। इसलिए उनकी सहायता पूरे ब्रह्मांड में उपलब्ध हो जाती है। विशाल शक्तियों के कारण उन्हें शिव स्वरूप माना जाता है।

हनुमानजी की भक्ति कठोर मर्यादाओंवाली है। उनकी साधनाएँ अत्यधिक कड़े नियमोंवाली होती हैं। साधना-भक्ति में चूक हो तो हनुमानजी की सहायता पाना असंभव-सा है। बिगड़े चरित्रवाले उनकी सहायता प्राप्त नहीं कर सकते। अहंकारी और दंभी लोग उनकी मदद नहीं ले सकते। इसी कारण पुकार लगानेवाले बहुत से लोग उनकी कृपा से वंचित रह जाते हैं।

हनुमानजी के अधिपति देवता भगवान् श्री राम हैं। उन्हें 'श्री रामदूत' कहा जाता है। जो भक्त भगवान् राम से हनुमानजी की सहायता की माँग करते हैं, उन्हें सरलता से हनुमत सहायता प्राप्त हो जाती है; क्योंकि हनुमानजी भगवान् राम की इच्छा को सर्वोपरि मानते हैं, भले ही कोई व्यक्ति हनुमानजी का भक्त न हो।

रामजी की भक्ति करनेवालों पर हनुमान की दृष्टि सदैव रहती है। वे उनकी मदद को तत्पर रहते हैं।

भगवान् राम के समक्ष मदद की गुहार लगाई है तो हनुमानजी उसकी सहायता के लिए दौड़े चले जाते हैं।

साईं बाबा के अधिपति देव भगवान् शिव हैं। वे शिव वर्ग के देवदूत हैं। तमाम लोग भक्ति-भाव से उनसे मदद की गुहार लगाते हैं। उनमें से काफी लोग साईं बाबा की सहायता प्राप्त भी कर लेते हैं; मगर जिनकी श्रद्धा और सबूरी

कमजोर होती है, वे साईं सहायता से वंचित रह जाते हैं। यही कारण है कि साईं मंदिर में जानेवाले कुछ भक्तों की कामनाएँ पूरी होती हैं, कुछ की नहीं होतीं।

यदि कोई भक्त भगवान् शिव से साईं बाबा की सहायता की इच्छा जताए तो उसे तत्काल मदद मिल जाती है, क्योंकि देवदूत धर्म के तहत साईं बाबा शिव कार्य को प्राथमिकता देते हैं।

इसी तरह सभी देवदूत अपने अधिपति देवों द्वारा सौंपे गए कार्यों को प्राथमिकता देते हैं।

यहाँ बताते चलें कि देवदूत की दुनिया में जाति-धर्म नहीं चलता।

□

देवदूतों से संपर्क का विज्ञान

देवदूत सूक्ष्म शरीर में होते हैं। इसलिए वे वायु-गमन व अदृश्य यात्राएँ कर लेते हैं। चतुर्थ आयाम में होने के कारण वे हमें देख सकते हैं, सुन सकते हैं तथा मन की गति से हमारे पास आ-जा सकते हैं।

देवी-देवताओं और देवदूतों तक हमारी बात पहुँचने का तरीका एक जैसा ही है।

उर्जा विज्ञान के मुताबिक, जब कोई किसी के बारे में सोचता है तो उसी क्षण उससे सूक्ष्म संपर्क स्थापित हो जाता है। मानसिक रूप से दोनों एक-दूसरे से जुड़ जाते हैं। इससे कोई फर्क नहीं पड़ता कि दोनों कितनी दूरी पर हैं या सूक्ष्म सपंर्क की तरंगों को डिकोड कर लिया जाए तो दोनों बिना यंत्र एक-दूसरे की बात सुन सकते हैं, कह सकते हैं। दोनों में से जो भी ऊर्जा लिंक को डिकोड करना जानता है वह दूसरे की बात सुन सकता है।

इथरिक लिंक ऊर्जा की डोर-सा होता है, जो मन की गति से विचारों के साथ प्रवाहित होता है। ऊर्जा की यह डोर अपने लक्ष्म को खुद ही ढूँढ़ लेती है। इसे हिचकी के उदाहरण से समझते हैं।

जब किसी को हिचकी आती है तो मस्तिष्क में पहला विचार आता है, कोई याद कर रहा है। कुछ लोग अपने करीबी लोगों के नाम सोचने शुरू कर देते हैं। जिस नाम को सोचने पर हिचकी रुक जाती है, निर्णय लेते हैं कि वह व्यक्ति याद कर रहा था। जब उस व्यक्ति से पूछा जाता है तो अधिकांशत: वह बात सही निकलती है।

यह बात कोई संयोग नहीं है। जब कोई व्यक्ति दिल से किसी को याद

करता है तो उसके मस्तिष्क से ऊर्जा तरंगें निकलती हैं, जो याद किए जा रहे व्यक्ति तक पहुँच जाती हैं। विशुद्धि चक्र हमारे गले में होता है। उसके कार्यों में बाहरी ऊर्जाओं का शोधन भी शामिल है। यह बाहर से आ रही ऊर्जाओं की पहचान करता है, फिर उसे उपयोग के लिए आगे प्रक्षेपित कर देता है।

किसी के द्वारा याद किए जाने की ऊर्जा तरंगें आकस्मिक होती हैं। अचानक आने के कारण विशुद्धि चक्र जब उनकी पहचान नहीं कर पाता तो आगे बढ़ने से रोक देता है। ऊर्जा तरंगें गले में अटक जाती हैं, जिससे हिचकी आने लगती हैं।

याद करनेवाले संभावित लोगों के नाम लिये जाते हैं। जिस नाम के साथ ऊर्जा तरंगें मैच करती हैं, विशुद्धि चक्र उसकी जानकारी आज्ञा चक्र को भेजता है। आज्ञा चक्र याद करनेवाले व्यक्ति की पहचान करके विशुद्धि को बताता है कि ऊर्जा तरंगें जान-पहचानवाले से आ रही हैं। इनसे कोई खतरा नहीं। आगे जाने दिया जाए। आज्ञा चक्र की सहमति पर विशुद्धि चक्र रोकी गई ऊर्जा तरंगों को अनाहत चक्र की तरफ भेज देता है। गले में ऊर्जा की फँसावट हट जाती है। इस तरह याद कर रहे व्यक्ति का नाम लेते ही हिचकी रुक जाती है।

पानी ऊर्जाओं को अपने साथ बहा ले जाता है। पानी पीने से भी हिचकी बंद होने की संभावना रहती है। दरअसल पानी विशुद्धि चक्र द्वारा गले में रोकी गई ऊर्जाओं को अपने भीतर घोलकर नीचे बहा ले जाता है, जिससे हिचकी का कारण बनी गले की रुकावट हट जाती है। हिचकी के समय कुछ लोग पीठ पर छपकी मारते हैं, जिससे गले पर भी झटका लगता है। झटके से गले में फँसी ऊर्जा नीचे चली जाती है। इससे भी हिचकी बंद हो जाती है।

वैसे हिचकी के कुछ और भी कारण होते हैं, मगर मुख्य कारण गले में ऊर्जाओं का फँसाव ही होता है, जिससे प्रमाणित होता है कि हम जिसे याद करते हैं, उसके साथ हमारा इथरिक लिंक या सूक्ष्म संपर्क स्थापित हो जाता है।

ऊर्जा विज्ञान के क्षेत्र में इथरिक लिंक को 'सिल्वर काड' कहा जाता है। अलग-अलग लोगों की सिल्वर काड अलग-अलग तरह की होती है। यह व्यक्ति के सिर के ऊपर सहस्रार चक्र से जुड़ी होती है। सहस्रार चक्र ब्रह्मांडीय शक्तियों के संपर्क में रहता है। अध्यात्म में जो जितना प्रबल होता है, उसकी सिल्वर काड उतनी ही शक्तिशाली होती है। जिस सिल्वर काड की मोटाई जितनी

ज्यादा होती है, वह उतनी अधिक सक्षम होती है।

अध्यात्म से जुड़े लोगों की सिल्वर काड को नापकर आसानी से पता लगाया जा सकता है कि कौन कितनी सिद्धियों का मालिक है। सिल्वर काड जितना सक्षम होती है, देवी–देवताओं और देवदूतों से उतनी ही आसानी से संपर्क स्थापित होता है।

जब किसी देवी–देवता या देवदूत को याद किया जाता है तो उनसे भी इथरिक लिंक स्थापित हो जाता है।

देवी–देवताओं और देवदूतों को इथरिक लिंक डिकोड करना आता है। वे ऊर्जा तरंगों के द्वारा याद करनेवाले की भावनाओं को डिकोड कर लेते हैं। भावनाओं के आधार पर वे तय करते हैं कि किसकी मदद की जाए, किसकी न की जाए।

जब किसी देवता द्वारा अपने अधीनस्थ देवदूत को निर्देश मिलता है तो वे इथरिक लिंक के सहारे तत्काल देव–भक्त की सहायता करने पहुँच जाते हैं। जब कोई व्यक्ति सीधे देवदूतों की पूजा–साधना करके उन्हें पुकारता है तो भी वे इथरिक लिंक के सहारे उस तक पहुँचते हैं।

उनसे संपर्क का यही विज्ञान है।

□

शिव को गुरु बनाएँ

देवदूतों की सहायता के लिए शिवगुरु से उनकी माँग करना बड़ा ही सटीक तरीका है। इसके लिए भगवान् शिव को गुरु बनाना अनिवार्य है। सो मैं सबसे पहले भगवान् शिव को गुरु बनाने की विधि बताता हूँ।

इसे ध्यान से अपनाएँ।

□

ऐसे बनाएँ भगवान् शिव को गुरु

आराम से बैठ जाएँ।

स्थान का चयन अपनी सुविधानुसार कर सकते हैं।

समय का चयन भी अपनी सुविधानुसार कर सकते हैं।

यदि उपलब्ध हो तो शिव ज्ञान जागरण रुद्राक्ष को गले या हाथ में धारण कर लें।

यह रुद्राक्ष न हो तो भी शिव को गुरु बना सकते हैं।

भगवान् शिव से कहें—"हे देवों के देव महादेव और गुरुओं के गुरु भगवान् शिव! आपको मेरा प्रणाम है। ब्रह्मांड के प्रति मुझसे जाने-अनजाने हुए अपराधों को क्षमा करके मुझ पर प्रसन्न हों। मेरे मन मंदिर में विराजमान हों।

मैं आपको अपना गुरु धारण कर रहा हूँ,
आप मुझे शिष्य के रूप में स्वीकार करें।
मैं आपको अपना गुरु धारण कर रहा हूँ,
आप मुझे शिष्य के रूप में स्वीकार करें।
मैं आपको अपना गुरु धारण कर रहा हूँ,
आप मुझे शिष्य के रूप में स्वीकार करें।

मुझे शिष्य के रूप में स्वीकार करने के लिए आपका धन्यवाद। आपको साक्षी बनाकर मैं इसकी घोषणा अंतरिक्ष में कर रहा हूँ, ताकि अंतरिक्ष की शक्तियाँ मुझे शिव शिष्य के रूप में पहचान सकें।

"अखिल अंतरिक्ष साम्राज्य में मेरी घोषणा उद्घोषित है। इसे दर्ज किया जाए।

शिव मेरे गुरु हैं, मैं उनका शिष्य हूँ।

शिव मेरे गुरु हैं, मैं उनका शिष्य हूँ।

शिव मेरे गुरु हैं, मैं उनका शिष्य हूँ।

हर-हर महादेव, हर हर महादेव, हर हर महादेव।

हे शिव, आप मेरे गुरु हैं! मैं आपका शिष्य हूँ। मुझ शिष्य पर दया करें। मेरा नमन स्वीकारें।

हे शिव! आप मेरे गुरु हैं! मैं आपका शिष्य हूँ! मुझ शिष्य पर दया करें। मेरा नमन स्वीकारें।

हे शिव! आप मेरे गुरु हैं! मैं आपका शिष्य हूँ। मुझ शिष्य पर दया करें। मेरा नमन स्वीकारें।"

□

शिवगुरु के प्रति रोज 20 मिनट समर्पित करें

इस बीच तीन चरण पूरे करें—

1. नमः शिवाय गुरुवे। इसका हर दिन 5 मिनट जप करके शिवगुरु को नमन करें।
2. हे शिव आप मेरे गुरु हैं, मैं आपका शिष्य हूँ। मुझ शिष्य पर दया करें। इसका हर दिन 5 मिनट जप करें।
3. भगवान् शिव को राम नाम बहुत प्रिय है। वे सदैव राम नाम का चिंतन करते रहते हैं। इसलिए गुरुदक्षिणा के रूप में उन्हें रोज 10 मिनट राम नाम जरूर सुनाएँ। उनसे कहें—"हे मेरे गुरुदेव! आपको प्रणाम है। आपको साक्षी बनाकर मैं गुरुदक्षिणा के रूप में आपको राम नाम सुना रहा हूँ। मेरे मन मंदिर में विराजमान होकर राम नाम सुनें, प्रसन्न हों और मुझे निरंतर शिव ज्ञान प्रदान करें।"

उसके बाद 10 मिनट मन-ही-मन में राम नाम का जप करें।

ध्यान रखें, राम नाम सुनने के लिए भगवान् शिव को जहाँ कहीं भी आमंत्रित किया जाता है, वे तुरंत पहुँच जाते हैं। इसलिए जब उन्हें अपने मन में बुलाएँ, तब किसी भी तरह के नकारात्मक भाव को मन में न रुकने दें। मन में बैठे शिवगुरु को यह अच्छा नहीं लगता।

यदि किसी वजह से नकारात्मक विचार आ रहे हैं तो उन्हें रोकें नही, आने-जाने दें।

□

शिव शिष्यता के नियम

वैसे तो भगवान् शिव भोले भंडारी हैं। वे किसी पर कोई नियम नहीं थोपते। गलती होने पर भी अपने शिष्यों को अपनेपन से सीख देते हैं, सजा नहीं देते; मगर वे चाहते हैं कि उनके शिष्य किसी के लिए दुःख का कारण न बनें। इसलिए गिने-चुने प्रतिबंध निभाने होते हैं—

1. किसी की आलोचना न करें।
2. गैर-जरूरी तर्क से बचें।

□

शिव संजीवनी साधना

शिवगुरु से अपने सवालों के जवाब लेने, उनसे बात करने, उनसे देवदूतों की माँग करने सहित कुछ खास उद्‍देश्यों के लिए शिव संजीवनी साधना अनिवार्य होती है, जो कि बहुत सरल और सबके करने योग्य होती है। इस साधना से मूलाधार चक्र, अनाहत चक्र, विशुद्धि चक्र और त्रिनेत्र चक्र सक्रिय हो जाते हैं। मूलाधार चक्र आत्मबल और समृद्धि का केंद्र है। यह भगवान् गणेश की शक्तियों से जुड़ा है। शिव जैसे महान् गुरु की राह पर चलने के लिए बड़े आत्मबल की जरूरत होती है। इससे निर्विघ्नता प्राप्त होती है। साथ ही आर्थिक निश्चिंतता से जीवन को आसान बना देती है। शिव शिष्य अपने मूलाधार चक्र को जरूर जाग्रत् रखें, ताकि अपनी समस्याओं के लिए उन्हें किसी के सामने गिड़गिड़ाना न पड़े।

अनाहत चक्र खुशियों का केंद्र है। यह भगवान् शिव की शक्तियों से जुड़ा है। यह साधक को मन की गति से शिवगुरु के साथ कनेक्ट करने में सक्षम होता है, मन की गति से शिवगुरु तक बात पहुँचाता है। उसी गति से उनके जवाब लाकर देता है। शिवगुरु से उच्च संपर्क के लिए इसका जाग्रत् होना जरूरी है। अनाहत चक्र की सक्रियता व्यक्ति के मन में और जीवन में आनंद स्थापित करती है।

विशुद्धि चक्र उच्च सृजन का केंद्र है। यहाँ आत्म-शक्तियाँ होती हैं। अध्यात्म की ऊँचाइयाँ छूने के लिए इसकी सक्रियता अनिवार्य है। साथ ही यह साधक के व्यक्तित्व में निखार और सम्मोहन की शक्ति स्थापित करता है

त्रिनेत्र चक्र ब्रह्मांडीय रहस्यों का केंद्र है। शिव शिष्य की अतींद्रिय शक्तियाँ उच्च स्तर की होनी चाहिए। शिवगुरु का ज्ञान सर्वोच्च है। उसे धारण करने के लिए त्रिनेत्र चक्र की सक्रियता अनिवार्य है।

शिव संजीवनी साधना से इन सभी ऊर्जा चक्रों को सक्रिय किया जा सकता है।

□

शिव ज्ञान जागरण संजीवनी साधना की विधि

(सिर्फ वे लोग करें, जो शिवगुरु से सीधा संपर्क स्थापित करना चाहते हैं। बाकी शिव शिष्यों के लिए इसे करना अनिवार्य नहीं है। वे मात्र शिवगुरु को नमन करके ही अपना जीवन सार्थक बना सकते हैं।)

मुहूर्त का दिन—सोमवार या प्रदोष या शिवरात्रि या कोई भी शुभ मुहूर्त।

समय—अपनी सुविधानुसार चुनें।

आसन—कोई भी, मगर साफ-सुथरा हो।

सामग्री—शुद्ध सरसों के तेल का दीपक, सुगंध के लिए धूप, सिद्ध शिव संजीवनी रुद्राक्ष। (इसे सिद्ध करने की विधि आगे बताई जाएगी।)

मंत्र—ऊँ ह्रौं जूँ सः।

जप संख्या—2 घंटे रोज, 11 दिन तक।

संकल्प—"हे शिव, आप! मेरे गुरु हैं, मैं आपका शिष्य हूँ। मुझ शिष्य पर दया करें. मेरे मन को सुखमय शिवाश्रम बनाकर सपरिवार सदैव इनमें विराजमान रहें। मेरा नमन स्वीकारें। आपको साक्षी बनाकर मैं शिव संजीवनी साधना कर रहा हूँ। इसे स्वीकार करें, साकार करें। मेरे भीतर संजीवनी शक्ति का जागरण करें।

आपका धन्यवाद।"

मंत्र से आग्रह—"हे दिव्य संजीवनी मंत्र ऊँ. ह्रौं जूँ सः आपको मेरा प्रणाम है। आप मेरे रोम-रोम में व्याप्त हो जाएँ। मेरी भावनाओं के साथ जुड़कर सिद्ध

हो जाएँ। मुझे शिव संजीवनी सिद्धि प्रदान करें।

आपका धन्यवाद।

आत्म आग्रह— मेरे तन, मन, मस्तिष्क, आभामंडल, ऊर्जा चक्रों, मेरे रोम-रोम आप सब दिव्य संजीवनी मंत्र ऊँ ह्रौं जूँ सः के साथ जुड़ जाएँ। इसके बीच मंत्रों को अपने अंदर स्थापित करें। मेरे साथ मिलकर मंत्र का जाप करें। ब्रह्मांड से संजीवनी शक्ति को ग्रहण करके, अपने भीतर स्थापित करके जाग्रत् हो जाएँ। मुझे सिद्ध और प्रसिद्ध बनाएँ।

आपका धन्यवाद।"

शिव संजीवनी रुद्राक्ष से आग्रह—सिद्ध हुए रुद्राक्ष को हाथ में लेकर कहें—हे दिव्य शिव संजीवनी रुद्राक्ष! आपको मेरा प्रणाम है। आप मेरी भावनाओं के साथ जुड़कर मेरे अनुकूल हो जाएँ। ब्रह्मांड से संजीवनी शक्ति को ग्रहण करके मेरे आभामंडल, ऊर्जा चक्रों और रोम-रोम में स्थापित करें। सिद्धि-प्रसिद्धि और समृद्धि के लिए मेरे रोम-रोम को उपचारित करें, उनका जागरण करें।

आपका धन्यवाद।"

साधना विधि

साफ-सुथरे आसन पर उत्तर मुख होकर आराम से बैठ जाएँ, दीपक जला लें। सुगंध के लिए धूप लगा दें। शिव संजीवनी रुद्राक्ष को गले में धारण कर लें।

30 मिनट संजीवनी मंत्र का प्राणायाम करें।

इसके लिए संजीवनी मंत्र ऊँ. ह्रौं. जूँ. सः का जप करते हुए साँस को नाक से अंदर लें। धीरे-धीरे पेट की गहराई तक खींचें। थोड़ी देर साँस को रोकें, फिर संजीवनी मंत्र ऊँ. ह्रौं. जूँ. सः का जप करते हुए धीरे-धीरे छोड़ें, थोड़ी देर साँस रोकें। इस क्रम को लगातार दोहराएँ।

ध्यान रहे, प्राणायाम के समय साँस पेट से लेनी है। अर्थात् जब साँस अंदर लें तो पेट में ऑक्सीजन भरने से उसे फूलना चाहिए। जब साँस बाहर निकालें तो पेट पिचकना चाहिए।

साँस लेने और छोड़ने के बीच औसतन आधे समय का अंतर हो। अर्थात् साँस लेते और छोड़ते समय 6-6 सेकंड का समय लगे तो रोकने में 3-3 सेकंड का समय लगाएँ।

उसके बाद लगातार दो घंटे ऊँ. ह्रौं जूँ सः मंत्र का जप करें।

साधना के समय किसी से कोई बात न करें। मोबाइल स्विच ऑफ कर दें। साधना से आधा घंटे पहले और आधा घंटे बाद तक कुछ भी न खाएँ-पिएँ, ताकि मंत्र जप से शरीर में प्राप्त संजीवनी ऊर्जा में मिलावट न होने पाए।

इसी विधि से साधना 11 तक दिन करें। साधना के शानदार नतीजों के लिए उन दिनों गुस्सा न करें। किसी से बहस न करें, किसी की आलोचना न करें। घर के बड़ों का सम्मान करें।

साधना की उपलब्धियों की चर्चा सुपात्र लोगों से करते रहें। इससे उपलब्धियाँ लगातार बढ़ती जाती हैं।

इसे शिव चर्चा कहा जाता है। देवी-देवता, बड़े-बड़े ऋषि-मुनि शिव चर्चा करके अपने जीवन को सर्वोच्च स्तर तक पहुँचा ही लेते हैं। आप भी इसे अपनाएँ।

□

संजीवनी रुद्राक्ष

वैसे तो सभी रुद्राक्ष अपने आप में ऊर्जा के विशाल भंडारण की क्षमताव ले होते हैं। उन्हें सिद्ध करने के बाद प्रोग्रामिंग करके बड़े काम लिये जाते हैं। सिद्ध रुद्राक्ष से डायमंड, पन्ना, पोखराज, माणिक सहित सभी तरह के रत्नों की ऊर्जाओं को भी प्राप्त किया जा सकता है। साधना-सिद्धि के लिए सिद्ध रुद्राक्ष बहुत प्रभावशाली होते हैं। ये लोगों के ऊर्जा चक्रों से सीधे जुड़ जाते हैं। ब्रह्मांड से सकारात्मक ऊर्जाएँ प्राप्त करके ऊर्जा चक्रों को उपचारित कर लेते हैं। सिद्ध रुद्राक्ष साधक को देवी देवताओं की ऊर्जा से सीधे जोड़ने में भी सक्षम होते हैं। ब्रह्मांड से देवी-देवताओं की ऊर्जाएँ प्राप्त करके साधक को देते रहते हैं।

शिव ज्ञान जागरण संजीवनी रुद्राक्ष

शिव संजीवनी रुद्राक्ष को 'शिव ज्ञान जागरण रुद्राक्ष' के नाम से भी जाना जाता है। इसके लिए 7 मुखी से ऊपर के रुद्राक्ष को सिद्ध किया जाता है। 7, 8, 9, 10, 11, 12, 13, 14 मुखी रुद्राक्ष में भगवान् शिव की ऊर्जाओं से जुड़ने की खास क्षमता होती है। उन्हें रुद्राभिषेक, शिव सहस्त्रनाम अनुष्ठान, नव ग्रहों के मंत्र जप और संजीवनी मंत्र द्वारा यज्ञ से सिद्ध किया जाता है। सिद्ध होने के बाद रुद्राक्ष की प्रोग्रामिंग करके उसे साधक के आभामंडल और ऊर्जा चक्रों के साथ जोड़ दिया जाता है। साथ ही रुद्राक्ष साधक के लिए क्या-क्या काम करे, इसकी भी प्रोग्रामिंग की जाती है।

इस तरह से सिद्ध व प्रोग्रामिंग किए हुए रुद्राक्ष साधक के लिए देवदूतों की तरह काम करते हैं।

शिव ज्ञान जागरण रुद्राक्ष को साधक के आज्ञा चक्र और अनाहत चक्र से जोड़ा जाता है। आज्ञा चक्र ज्ञान का चक्र है। अनाहत चक्र भगवान् शिव की शक्तियों का केंद्र है। शास्त्र कहते हैं कि अनाहत चक्र में भगवान् शिव का वास होता है। शिव ज्ञान जागरण चक्र अनाहत चक्र के द्वारा भगवान् शिव की शक्तियों और उनके ज्ञान के संपर्क में रहता है। उन्हें प्राप्त करके साधक के आज्ञा चक्र को देता रहता है। इस तरह यह रुद्राक्ष साधक के भीतर शिव ज्ञान का जागरण करता है। साथ ही भगवान् शिव और उनकी संजीवनी शक्ति से जोड़कर रखता है।

इसे हमेशा सक्षम और सिद्ध लोगों के द्वारा ही सिद्ध कराया जाना चाहिए। □

शिव ज्ञान जागरण संजीवनी रुद्राक्ष सिद्ध करने की विधि

7, 8, 9, 10, 11, 12, 13, 14 मुखी रुद्राक्ष में से कोई एक रुद्राक्ष प्राप्त कर लें। ध्यान रखें, रुद्राक्ष असली हो हो, अन्यथा सारी प्रक्रिया बेकार जाएगी।

पूर्व में वर्णित विधि के अनुसार शिवगुरु को साक्षी बनाएँ। फिर रुद्राक्ष को पारद शिवलिंग पर स्थापित करके शिव सहस्र नाम से शिवार्चन करें। शिवार्चन में बादाम या किशमिश का उपयोग करें।

शिवार्चन के बाद पड़नेवाले प्रथम सोमवार को रुद्राभिषेक करें। रुद्राभिषेक के समय रुद्राक्ष को पारद शिवलिंग पर स्थापित करें। उसी शिवलिंग पर शहद से रुद्रीयुक्त रुद्राभिषेक करें।

रुद्राभिषेक के बाद प्रथम पड़नेवाले अग्निवास के दिन यज्ञ करें। यज्ञ के समय रुद्राक्ष को अपने समक्ष काँसे के बरतन में गंगा जल भरकर उसमें स्थापित करें। यज्ञ में नव ग्रहों की 27–27 आहुतियाँ दें। संजीवनी मंत्र ऊँ. ह्रौं जूँ सः की 432 आहुतियाँ दें।

इस तरह से सिद्ध शिव संजीवनी रुद्राक्ष शिवगुरु की ऊर्जाओं से संपर्क में सक्षम होता है। साथ ही धारण करनेवाले के ऊर्जा चक्रों और कुंडलिनी का जागरण करता है।

□

शिव चर्चा रोज करें

अवचेतन शक्ति का विज्ञान।

जिसे हम सही मानते हैं और दोहराते हैं, हमारा अवचेतन मन उसे स्वीकार कर लेता है। जिसे स्वीकार कर लेता है, उसे साकार कर लेता है।

दुनिया की कोई शक्ति उसे रोक नहीं सकती।

क्योंकि अवचेतन मन के पास ब्रह्मांड की सभी शक्तियों का उपयोग करने की क्षमता होती है।

यह भगवान् की तरह ब्रह्मांडीय शक्तियों का उपयोग करता है।

अवचेतन को यह क्षमता ईश्वर ने दी है। यह हमारा निजी भगवान् है।

हम जिसकी चर्चा करते हैं, वह जीवन में लगातार बढ़ता है।

अज्ञानतावश अधिकांश लोग अपनी समस्याओं की चर्चा करते रहते हैं। उनका अवचेतन मन उन्हें ही स्वीकार करता रहता है, समस्याओं के नए रास्ते बनाता रहता है। समस्याएँ बढ़ती रहती हैं।

शिव चर्चा करना अपनी अवचेतन शक्ति की सकारात्मक प्रोग्रामिंग करने जैसा होता है।

शिव चर्चा में उन बातों की चर्चा की जाती है, जो शिवगुरु के सान्निध्य में फलित हुईं। शिवगुरु से की गई माँग, उनसे की गई कामना, उनकी कृपा से हटी समस्याओं की चर्चा की जाती है, जिससे अवचेतन मन सकारात्मक संदेश ग्रहण करता है, जीवन में सकारात्मकता को बढ़ाता है।

शिव चर्चा आप किसी भी व्यक्ति से कर सकते हैं।

मगर ध्यान रखें, जिसका इससे लगाव हो, उसी से इस बारे में बात करें।

यदि किसी वजह से कोई व्यक्ति किसी अन्य के साथ शिव चर्चा नहीं करना चाहता तो हम इस पुस्तक में शिव चर्चा के लिए पृष्ठ उपलब्ध करा रहे हैं। आप शिवगुरु के सान्निध्य में फलित हुए कार्यों को उनमें लिखकर शिव चर्चा कर सकते हैं। शिवगुरु के साथ अपने अनुभवों को लिख लें, बाद में उन्हें हमारे पास भेज दें। हम उन्हें सामूहिक चर्चा में शामिल करेंगे। इस तरह आपकी भक्ति और उपलब्धि हजारों लोगों तक पहुँच जाएँगी।

हमें विश्वास है, आपकी शिव चर्चा में भी चमत्कारिक उपलब्धियों की बात शामिल होगी ही।

□

शिवगुरु से ज्ञान लें

सुबह उठते ही शिवगुरु से ज्ञान का आग्रह करें।

संजीवनी शक्ति से ऊर्जीकरण का आग्रह करें। कहें—

"हे दिव्य ब्रह्मांडीय ऊर्जा! आपको मेरा प्रणाम है। मुझ पर संजीवनी शक्ति की बरसात करें। मेरे तन, मन, मस्तिष्क, आभामंडल, ऊर्जा चक्रों और रोम-रोम की सफाई करें। पूर्ण सफाई के बाद उन्हें ऊर्जित करके सुखकारी बनाएँ। मुझे मेरे गुरुदेव भगवान् शिव के चरणों से जोड़कर रखते हुए मेरे ऊर्जा शरीर को उनके आभामंडल से जोड़ दें। मेरे मन को सुखमय शिवाश्रम बना दें।

आपका धन्यवाद है।"

शिवगुरु से आग्रह करें, कहें...

"हे मेरे गुरुदेव, देवों के देव महादेव! आपको मेरा प्रणाम है। कल रात तक मुझसे हुई समस्त गलतियों के लिए मुझे क्षमा करें। मेरे मन को पवित्र और सुखमय शिवाश्रम बनाकर इसमें विराजमान हो जाएँ। प्रसन्न हों, आज मैं जो देखूँ, वह शिव-दर्शन बन जाए। जो सुनूँ, वह शिववाणी बन जाए। जो बोलूँ, वह शिव इच्छा बन जाए। इस हेतु मुझे शिव ज्ञान दें। हर पल मेरे साथ रहें। हर क्षण मुझे अपनी निगरानी में रखें। मेरे मन को उत्साह, उमंग और उत्सव से भरा रखें, ताकि आज के मेरे कार्य सभी लोगों को सुख देनेवाले बनें। मुझे खुद को और दूसरों को खुश रखने की असीम क्षमता और धैर्य प्रदान करते रहें।

आपका धन्यवाद है।"

गरुड़ पुराण के अनुसार हृदय स्थल पर स्थित अनाहत चक्र में भगवान् शिव का वास होता है। मन की उपस्थिति हृदय में ही है। वहाँ भगवान् शिव को

बुलाने का अर्थ है—खुशियों को बुला लेना। अनाहत चक्र प्रसन्नता, करुणा, प्रेम और दया का केंद्र होता है। यह शिव शक्तियों से पोषित होता है। भगवान् शिव का आमंत्रण इसे जाग्रत् कर देता है।

व्यावहारिक रूप से समझें तो मन में भगवान् शिव को बुलाने का मतलब है—बड़े लाभ की स्थिति।

इसे ऐसे समझें जैसे किसी का घर सुविधा-विहीन जगह पर हो। वहाँ बिजली, पानी, सड़क की व्यवस्था न हो। घर में न छत हो, न फर्श। न खाना हो, न पानी, न बैठने की जगह हो, न लेटने की।

वहाँ प्रधानमंत्री को आमंत्रित कर लिया जाए। वे वहाँ आ भी जाएँ। उनके आने से पहले प्रधानमंत्री के लिए सारा शासन-प्रशासन जुट जाएगा। क्षेत्र में सड़क, पानी, बिजली की व्यवस्था कर दी जाएगी। घर में प्रधानमंत्री के स्तर की बैठने, लेटने, खाने-पीने की व्यवस्था सुनिश्चित होगी। बिना सुविधाओंवाला घर संपूर्ण सुविधाओंवाला बना दिया जाएगा।

इसी तरह भगवान् शिव को जहाँ आमंत्रित किया जाता है, उस स्थान को शिव गण उनके पहुँचने से पहले ही शिव वास के लायक सुखद और सुविधा-युक्त बना देते हैं। किसी के मन में जब भगवान् शिव के रहने लायक सुविधाओं की स्थापना हो जाती है, तब उसके जीवन में दुःख और अभाव नहीं बचते। ब्रह्मांड की दुष्ट शक्तियाँ ऐसे मनवाले लोगों को छेड़ने का साहस नहीं कर पातीं।

□

शिवगुरु के साथ सोएँ

शिवगुरु के साथ सोना बड़ा ही सुखद अनुभव कराता है।

इसके लिए बिस्तर पर जाने से पहले हाथ-पैर जरूर धो लें। बिस्तर को ठीक से सजाएँ। उस पर सिलवटें बिलकुल न हों। रोज चादर नहीं बदलते हैं तो कोई बात नहीं, मगर चादर को झाड़कर रोज बिछाएँ।

बिस्तर पर पहुँचकर संजीवनी शक्ति से ऊर्जीकरण का आग्रह करें, कहें…

"हे दिव्य ब्रह्मांडीय ऊर्जा! आपको मेरा प्रणाम है। मुझ पर संजीवनी शक्ति की बरसात करें। मेरे तन, मन, मस्तिष्क, आभामंडल, ऊर्जा चक्रों और रोम-रोम की सफाई करें। पूर्ण सफाई के बाद उन्हें ऊर्जित करके सुखकारी बनाएँ। मुझे मेरे गुरुदेव भगवान् शिव के चरणों से जोड़कर रखते हुए मेरे ऊर्जा शरीर को उनके आभामंडल से जोड़ दें। मेरे मन को सुखमय शिवाश्रम बना दें। आपका धन्यवाद है। "

शिवगुरु से साथ सोने का आग्रह करें, कहें—

"हे मेरे गुरुदेव, देवों के देव महादेव! आपको मेरा प्रणाम है। दिन में मुझसे जाने-अनजाने हुई गलतियों के लिए क्षमा करें। माता महेश्वरी, भगवान् गणेशजी सहित सपरिवार मेरे मन मंदिर में विराजमान होकर विश्राम करें। मुझे और मेरे परिवार जनों को अपनी शरण में बनाए रखें। आपका धन्यवाद है। "

इस तरह शिवगुरु के सान्निध्य में सोने से शिव सुरक्षा सुनिश्चित होती है। जिन्हें रात में ठीक से नींद नहीं आती, जो खराब सपनों से परेशान रहते हैं,

रात में जो लोग अकारण डरते हैं, बेचैन रहते हैं, बीमार रहते हैं, उन लोगों को रात का शिव सान्निध्य बड़ी राहत देता है। सुख की नींद आती है। सपने में कई तरह का दुर्लभ शिव ज्ञान प्राप्त होता है, जो वास्तविक जीवन में वरदान की तरह साबित होता है।

□

शिवगुरु के साथ अपना भाग्य जोड़ें

जो लोग कारोबार करते हैं, मगर उन्हें नुकसान हो रहा है या वैसा लाभ नहीं हो पा रहा जैसा होना चाहिए या कारोबार में हमेशा उतार-चढ़ाव रहता है, उन्हें अपने काम में शिवगुरु को सहयोगी बना लेना चाहिए।

कई बार देखने में आता है कि लोग बहुत मेहनत करते हैं, बड़ी लगन से काम करते हैं, योजनाएँ अच्छी बनाते हैं, फिर भी उन्हें नुकसान हो रहा होता है; क्योंकि भाग्य के छोर पर वे कहीं कमजोर पड़ जाते हैं। ऐसे में अपने साथ देव भाग्य जोड़ लेना चाहिए।

शिवगुरु को पार्टनर बनाना अपने भाग्य को देव भाग्य के साथ जोड़ने का सबसे सरल तरीका है।

विधि

दैवी ऊर्जा से संजीवनी शक्ति का आग्रह करें। कहें—

"हे दिव्य ब्रह्मांडीय ऊर्जा! आपको मेरा प्रणाम है। मुझ पर संजीवनी शक्ति की बरसात करें। मेरे तन, मन, मस्तिष्क, आभामंडल, ऊर्जा चक्रों और रोम-रोम की सफाई करें। पूर्ण सफाई के बाद उन्हें ऊर्जित करके सुखकारी बनाएँ। मुझे मेरे गुरुदेव भगवान् शिव के चरणों से जोड़कर रखते हुए मेरे ऊर्जा शरीर को उनके आभामंडल से जोड़ दें। मेरे मन को सुखमय शिवाश्रम बना दें। आपका धन्यवाद है।"

शिवगुरु से कामकाज में हिस्सेदार बनने का आग्रह करें। कहें—

"हे मेरे गुरुदेव, देवों के देव महादेव! आपको मेरा प्रणाम है। मुझसे

जाने-अनजाने हुई गलतियों के लिए क्षमा करें। माता महेश्वरी, भगवान् गणेशजी सहित सपरिवार मेरे मन मंदिर में विराजमान होकर आनंदित हों। मेरे कामकाज में हिस्सेदार बन जाएँ। लाभ हेतु मेरा मार्गदर्शन करें, मेरा भाग्योदय करें। मैं आपके हिस्से के लाभांश को जरूरतमंदों के लिए खर्च करूँगा। आपका धन्यवाद है। ”

अपने कामकाज के खाते चेक कर लें। भगवान् शिव को हिस्सेदार बनाने के दिन से मासिक लाभ का आकलन करें। उसमें से शिवगुरु के हिस्से का लाभांश निकाल दें। उसे अगले तीन दिनों के भीतर जरूरतमंदों पर खर्च कर दें।

आमतौर से लोग लाभांश में 9 से 14 प्रतिशत के बीच शिवगुरु को पार्टनर बनाते हैं। उनके हिस्से का लाभ धन गरीबों के भोजन, गरीब बच्चों की पढ़ाई, कपड़ों, इलाज आदि पर खर्च करते हैं।

□

शिवगुरु के साथ भोजन करें

भोजन के लिए शिवगुरु को हर दिन बुलाएँ।

भोजन के लिए स्वच्छ होकर बैठें।

दैवी ऊर्जा से आग्रह करें, कहें—

"हे दिव्य ब्रह्मांडीय ऊर्जा! आपको मेरा प्रणाम है। मेरे सम्मुख रखे भोजन पर दैवी ऊर्जाओं की बरसात करें। इसे मेरे लिए पौष्टिक और कल्याणकारी बना दें। देवों के ग्रहण करने हेतु पवित्र और स्वादिष्ट बना दें। आपका धन्यवाद है।

भगवान् शिव से भोजन ग्रहण करने का आग्रह करें, कहें—

"हे मेरे गुरुदेव, देवों के देव महादेव! आपको मेरा कोटि-कोटि प्रणाम है। मेरी भूल-चूक के लिए मुझे क्षमा करें। समस्त देवों के साथ सपरिवार मेरे मन मंदिर में विराजमान होकर भोजन ग्रहण करें, संतुष्ट हों, मुझे और मेरे परिवार जनों को प्रसाद और भक्ति प्रदान करें। शिव सुख प्रदान करें। संसार के सभी जीवों को भोजन की संतुष्टि प्रदान करें। आपका धन्यवाद। "

माता अन्नपूर्णा का धन्यवाद।

□

शिवगुरु के सान्निध्य में पूजा-पाठ

इस युग में अधिकांश लोगों के पूजा–पाठ फलित नहीं हो रहे। कारण है अध्यात्म में प्रपंच, पाखंड या रूढ़ियों की घुसपैठ। शिवगुरु के सान्निध्य में की गई पूजा–पाठ, जप–ध्यान विफल नहीं जाते। इष्ट कोई भी हो, गुरु शिव हों तो अभीष्ट की प्राप्ति हो ही जाती है।

शिव शिष्य ही नहीं, सभी को पूजा–पाठ शिव सान्निध्य में ही करनी चाहिए।

शास्त्र कहते हैं शिव सान्निध्य में की गई साधनाएँ अनंत गुना फल देती हैं। साथ ही उनमें दोष नहीं लगता।

इन दिनों अधिकांश लोग अपनी पूजा–पाठ में मंत्र जप आदि शामिल कर लेते हैं। मंत्रों का विज्ञान बहुत प्रभावशाली है; मगर उसको अपनाने में चूक हो तो विपरीत प्रभाव मिलते हैं। अधिकांश लोग मंत्रों के लिए निर्धारित कर न्यास, हृदय न्यास, विनियोग, कवच आदि को नहीं अपनाते, जिनके बिना मंत्र जप अधूरे होते हैं। सही कहें तो इनके बिना मंत्र जप विधि–विरुद्ध होते हैं।

कर न्यास, हृदय न्यास, विनियोग, कवच आदि के द्वारा विभिन्न अंगों को छूकर मंत्रों को अपने आभामंडल व ऊर्जा चक्रों में स्थापित किया जाता है। मंत्र जप से प्राप्त सकारात्मक ऊर्जाएँ ऊर्जा चक्रों में स्थापित होकर जीवन सँवारती हैं।

शिव सान्निध्य में किए जानेवाले पूजा–पाठ में मंत्र, चालीसा, पाठ आदि को सीधे ऊर्जा शरीर में स्थापित कर लिया जाता है।

□

मंत्रों को ऊर्जा शरीर में स्थापित करने की विधि

1. पूजा-स्थल की सफाई सुनिश्चित करें, ताकि पूजा-पाठ, जप-ध्यान, अनुष्ठान से प्राप्त सकारात्मक ऊर्जाओं में नकारात्मकता की मिलावट न होने पाए। साथ ही वातावरण अनुकूल बने।
2. ब्रह्मांडीय ऊर्जा से आग्रह करें, कहें—
"हे दिव्य ऊर्जा! मुझ पर दैवी ऊर्जा की बरसात करें। मेरे तन-मन-मस्तिष्क, आभामंडल, ऊर्जा चक्र मेरे रोम-रोम और कुंडलिनी को उपचारित करें, जाग्रत् करें, पवित्र करें, मेरे मन को सुखमय शिवाश्रम बना दें। मुझे मेरे गुरुदेव भगवान् शिव के चरणों से जोड़ दें। मेरे आभामंडल को उनके आभामंडल से जोड़ दें। आपका धन्यवाद है।"
3. भगवान् शिव से आग्रह करें, कहें—
"हे मेरे गुरुदेव, देवाधिदेव महादेव! आपको मेरा प्रणाम है। ब्रह्मांड के प्रति मुझसे जाने-अनजाने हुए सभी अपराधों के लिए मुझे क्षमा करें। मुझ पर प्रसन्न हों। माता महेश्वरी भगवान् गणेशजी सहित सपरिवार मेरे मन मंदिर में विराजमान हों। आपको साक्षी बनाकर मैं आपके सान्निध्य में साधना-आराधना कर रहा हूँ। आप सहित सभी देवों की कृपा प्राप्त हो, इस हेतु मुझे दैवी सहायता, सुरक्षा और मार्गदर्शन प्रदान करें। आपका धन्यवाद है।"
4. जिस मंत्र या पाठ या अनुष्ठान को संपन्न करना है, उसका नाम

लेकर उससे सिद्धि का आग्रह करें।

उदाहरणस्वरूप यदि 'ॐ. नमः शिवाय' मंत्र का जप करना है तो कहें...

"हे दिव्य मंत्र ॐ नमः शिवाय, आपको मेरा प्रणाम है। आप मेरे रोम-रोम में व्याप्त हो जाएँ। अपने बीज मंत्रों को मेरे ऊर्जा चक्रों में स्थापित कर दें। मेरी भावनाओं से जुड़कर मेरे लिए सिद्ध हो जाएँ और मुझे शिव सिद्धि प्रदान करें। (जिस देवता का मंत्र हो उसकी सिद्धि हेतु कहें।) आपका धन्यवाद है।"

5. अपने ऊर्जा शरीर से आग्रह करें। कहें— "मेरे तन-मन-मस्तिष्क, आभामंडल, ऊर्जा चक्रों, कुंडलिनी, मेरी भावनाओं, मेरे रोम-रोम से आप सब ॐ नमः शिवाय मंत्र के साथ जुड़ जाएँ। इसके बीज मंत्रों को अपने अंदर स्थापित कर लें। मेरे साथ मिलकर आप सब इस मंत्र का जप करें। ब्रह्मांड से ॐ नमः शिवाय मंत्र की दैवी ऊर्जाओं को ग्रहण करके अपने भीतर स्थापित करें। जाग्रत् हो जाएँ। स्वस्थ और सर्वोत्तम बनें। मुझे तन से, मन से, धन से स्वस्थ, सुखी और सुरक्षित बनाएँ, सिद्ध बनाएँ। आपका धन्यवाद।"
6. मंत्र जप आरंभ करें।

□

चालीसा-पाठ को ऊर्जा शरीर में स्थापित करने की विधि

1. पूजा–स्थल की सफाई सुनिश्चित करें, ताकि पूजा–पाठ, जप–ध्यान, अनुष्ठान से प्राप्त सकारात्मक ऊर्जाओं में नकारात्मकता की मिलावट न होने पाए। साथ ही वातावरण अनुकूल बने।
2. ब्रह्मांडीय ऊर्जा से आग्रह करें, कहें—
   "हे दिव्य ऊर्जा! मुझ पर दैवी ऊर्जा की बरसात करें। मेरे तन–मन–मस्तिष्क, आभामंडल, ऊर्जा चक्र मेरे रोम–रोम और कुंडलिनी को उपचारित करें, जाग्रत् करें, पवित्र करें। मेरे मन को सुखमय शिवाश्रम बना दें। मुझे मेरे गुरुदेव भगवान् शिव के चरणों से जोड़ दें। मेरे आभामंडल को उनके आभामंडल से जोड़ दें। आपका धन्यवाद है।"
3. भगवान् शिव से आग्रह करें, कहें—
   "हे मेरे गुरुदेव, देवाधिदेव महादेव! आपको मेरा प्रणाम है। ब्रह्मांड के प्रति मुझसे जाने–अनजाने हुए सभी अपराधों के लिए मुझे क्षमा करें। मुझ पर प्रसन्न हों। माता महेश्वरी भगवान् गणेशजी सहित सपरिवार मेरे मन मंदिर में विराजमान हों। आपको साक्षी बनाकर मैं आपके सान्निध्य में साधना आराधना कर रहा हूँ। आप सहित सभी देवों की कृपा प्राप्त हो, इस हेतु मुझे दैवी सहायता, सुरक्षा और मार्गदर्शन प्रदान करें। आपका धन्यवाद है।"

4. जिस मंत्र या पाठ या अनुष्ठान को संपन्न करना है, उसका नाम लेकर उससे सिद्धि का आग्रह करें।

   उदाहरणस्वरूप यदि 'हनुमान चालीसा' का पाठ करना है तो कहें—

   "हे दिव्य हनुमान चालीसा! आपको मेरा प्रणाम है। आप मेरे रोम-रोम में व्याप्त हो जाएँ। अपने बीज मंत्रों को मेरे ऊर्जा चक्रों में स्थापित कर दें। मेरी भावनाओं से जुड़कर मेरे लिए सिद्ध हो जाएँ और मुझे हनुमान सिद्धि प्रदान करें। आपका धन्यवाद है।"

5. अपने ऊर्जा शरीर से आग्रह करें। कहें—मेरे तन-मन-मस्तिष्क, आभामंडल, ऊर्जा चक्रों, कुंडलिनी, मेरी भावनाओं, मेरे रोम-रोम आप सब हनुमान चालीसा के साथ जुड़ जाएँ। इसके बीज मंत्रों को अपने अंदर स्थापित कर लें। मेरे साथ मिलकर आप सब इस मंत्र का जप करें। ब्रह्मांड से हनुमान चालीसा की दैवी ऊर्जाओं को ग्रहण करके अपने भीतर स्थापित करें। जाग्रत् हो जाएँ। स्वस्थ और सर्वोत्तम बनें। मुझे तन से, मन से, धन से स्वस्थ, सुखी और सुरक्षित बनाएँ, सिद्ध बनाएँ। आपका धन्यवाद।"

6. चालीसा-पाठ आरंभ करें।

□

शिवगुरु के सान्निध्य में साधना सिद्धि करें

शिवगुरु को साक्षी बनाकर की गई साधनाएँ उच्चतम परिणाम देती हैं। इष्ट कोई भी हो, शिवगुरु हैं तो अभीष्ट मिल ही जाता है।

1. साधना के लिए उपयुक्त स्थान का चयन कर लें।
2. पूर्व या उत्तर मुख होकर आराम से बैठ जाएँ।
3. ब्रह्मांडीय ऊर्जा से खुद पर शक्तिपात का आग्रह करें। कहें—
   "दिव्य संजीवनी शक्ति मुझ पर दैवी ऊर्जाओं की बरसात करें। मेरे तन, मन, मस्तिष्क, आभामंडल, ऊर्जा चक्र, कुंडलिनी और रोम-रोम को उपचारित करें। उन्हें स्वच्छ, स्वस्थ और जाग्रत् करें। मेरे मन को सुखमय शिवाश्रम बना दें। मुझे मेरे गुरुदेव भगवान् शिव के चरणों से जोड़कर रखते हुए मेरे आभामंडल को उनके आभामंडल से जोड़ दें। आपका धन्यवाद।"
4. भगवान् शिव से साधना का साक्षी बनने का निवेदन करें। कहें—
   "देवाधिदेव महादेव, मेरे गुरुदेव! आपको प्रणाम है। ब्रह्मांड के प्रति मुझसे हुए जाने-अनजाने अपराधों को क्षमा करके मुझ पर प्रसन्न हों। माता महेश्वरी और भगवान् गणेश सहित सपरिवार मेरे मन मंदिर में विराजमान हों। आपको साक्षी बनाकर मैं साधना कर रहा हूँ। इसकी सफलता हेतु मुझे दैवी सहायता और सुरक्षा प्रदान करें। दिव्य मार्गदर्शन प्रदान करें। आपका धन्यवाद।"

5. जिस देव की साधना करनी है उसे आमंत्रित करें। आग्रह पूर्वक उसका नाम लेकर कहें—

"हे (....नाम) देव आपको मेरा प्रणाम है। अपने गुरुदेव भगवान् शिव को साक्षी बनाकर मैं आपकी साधना कर रहा हूँ। आप मेरे मन मंदिर में विराजमान हों। मेरे द्वारा की जा रही साधना-आराधना को स्वीकार करें, साकार करें। आपका धन्यवाद है।"

6. जिस मंत्र का जप करने जा रहे हैं, उसे अपने ऊर्जा शरीर में स्थापित करें। मंत्र का नाम लेकर कहें—

"हे दिव्य मंत्र! आप मेरे तन, मन, आभामंडल, ऊर्जा चक्र और कुंडलिनी में व्याप्त हो जाएँ। मेरी भावनाओं से जुड़कर मेरे लिए सिद्ध हो जाएँ। मुझे साधना सिद्धि प्रदान करें। आपका धन्यवाद।"

7. अपने ऊर्जा शरीर में मंत्र की स्थापना करें। कहें—

"मेरे तन, मन, मस्तिष्क, आभामंडल, ऊर्जा चक्र, कुंडलिनी, मेरे रोम-रोम आप ···(मंत्र का नाम लें··) से जुड़ जाएँ। इसके बीज मंत्रों को अपने अंदर स्थापित कर लें। इसकी ऊर्जाओं को ब्रह्मांड से प्राप्त करके अपने भीतर धारण करें और जाग्रत् हो जाएँ मुझे सिद्ध और प्रसिद्ध बनाएँ। आपका धन्यवाद है।"

8. उसके बाद मंत्र का जप शुरू करें।

इस विधि से की गई साधनाएँ अचूक होती हैं।

शिवगुरु और अपने इष्ट के प्रति विश्वास बनाकर इसे अपनाएँ।

सिद्धि आपसे दूर नहीं।

□

शिवगुरु से शिव सुरक्षा की माँग रोज करें

उदाहरणस्वरूप सुरक्षा 1—अपनी और अपने परिवार की सुरक्षा।

उदाहरणस्वरूप सुरक्षा 2—दूसरों के लिए शिव सुरक्षा की माँग।

विधि

पूर्व या उत्तर मुख होकर आराम से बैठ जाएँ और भगवान् शिव से कहें—

"हे देवों के देव और गुरुओं के गुरु, मेरे गुरुदेव महादेव! मेरे समस्त अपराधों को क्षमा करके मुझ पर प्रसन्न हों। मेरे मन को शुद्ध और सुखमय शिवाश्रम बनाकर माता महेश्वरी भगवान् गणेश सहित सपरिवार इसमें विराजमान हों। मुझे और मेरे परिवार जनों को अपनी शरण में ले लें।

हे शिव! आप मेरे गुरु हैं, मैं आपका शिष्य हूँ! मुझ शिष्य पर दया करें। शत्रु भय, रोग भय, मृत्यु भय से मुक्त रखने हेतु मुझे शिव सुरक्षा प्रदान करें। आपका धन्यवाद।"

(इसे तीन बार दोहराएँ)

फिर शांत मन से आँखें बंद करके बैठ जाएँ। कम-से-कम पाँच मिनट बैठे रहें। इस बीच मन में कोई विचार न आने दें। इसी बीच मन में सुरक्षा प्राप्त होने की पुष्टि का भाव आ जाएगा।

अनाहत चक्र में भगवान् शिव की शक्तियाँ विराजमान होती हैं। सुरक्षा की माँग करते समय छाती पर स्थित अनाहत चक्र पर ध्यान लगाए रखें। अनाहत चक्र अपने नीचे स्थित शक्ति के केंद्र मणिपूर चक्र से सुरक्षा की माँग करता है।

मणिपूर चक्र में भगवान् विष्णु की शक्तियों का वास होता है। उसमें सुरक्षा और सफलता की अपार क्षमता होती है। अनाहत चक्र में स्थित शिव शक्तियों द्वारा दिए गए सुरक्षा निर्देशों को स्वीकार करके मणिपूर चक्र उसी क्षण व्यक्ति के लिए सुरक्षा कवच निर्मित कर देता है।

यदि मणिपूर चक्र बिगड़ा है तो सुरक्षा कवच बनने में देरी होती है। ऐसी स्थिति में शिव शिष्य द्वारा धारण किया गया शिव ज्ञान जागरण रुद्राक्ष सहायता करता है। रुद्राक्ष पंच तत्त्वों की शक्ति एकत्र करके मणिपूर चक्र को पुष्ट करता है, साथ ही ब्रह्मांड से शिव शक्तियों को प्राप्त करके व्यक्ति के लिए अभेद सुरक्षा कवच निर्मित कर देता है।

(अधिक गुस्सा, बात बदराश्त न होना, तनाव, बदले की भावना, बेवजह अपमान, अपयश, अकारण भय लगना, काम होते-होते रह जाना, असफलता, आलोचना आदि बिगड़े हुए मणिपूर चक्र के लक्षण होते हैं। सही तरीके से सिद्ध हुआ शिव ज्ञान जागरण रुद्राक्ष मणिपूर चक्र को ठीक करने में सक्षम होता है।)

□

दूसरों के लिए शिव सुरक्षा की माँग

शिवगुरु से शिव सुरक्षा की माँग रोज करें। उन्हें मुसीबतों में फँसे लोगों को सुरक्षा देना बहुत अच्छा लगता है। अपने साथ ही दूसरों के लिए भी शिवगुरु से सुरक्षा की माँग करें।

उदाहरण रिश्तेदार के लिए शिव सुरक्षा की माँग। मान लीजिए, किसी कारणवश कोई रिश्तेदार मुसीबत में फँस गया है। उसके बचाव की राह नहीं दिख रही तो शिवगुरु से तत्काल उसकी सुरक्षा की माँग करें।

विधि

पूर्व या उत्तर मुख होकर आराम से बैठ जाएँ। भगवान् शिव से कहें—

"हे देवों के देव और गुरुओं के गुरु, मेरे गुरुदेव महादेव! मेरे समस्त अपराधों को क्षमा करके मुझ पर प्रसन्न हों। मेरे मन को शुद्ध और सुखमय शिवाश्रम बनाकर माता महेश्वरी भगवान् गणेश सहित सपरिवार इसमें विराजमान हों। मुझे और मेरे परिवार जनों को अपनी शरण में ले लें।

"हे शिव! आप मेरे गुरु हैं, मैं आपका शिष्य हूँ। मुझ शिष्य पर दया करें। मेरे रिश्तेदार (रिश्तेदार का नाम) को संकटों से बचाने के लिए शिव सुरक्षा प्रदान करें। आपका धन्यवाद।"

(इसे तीन बार दोहराएँ)

फिर शांत मन से आँखें बंद करके बैठ जाएँ। कम-से-कम पाँच मिनट बैठे रहें। इस बीच मन में कोई विचार न आने दें। इसी बीच मन में सुरक्षा प्राप्त होने की पुष्टि का भाव आ जाएगा।

इसी तरह अन्य संबंधियों और दूसरे लोगों के लिए भी शिव सुरक्षा की माँग कर सकते हैं। शिव शक्तियों से मुक्त शिव सुरक्षा मृत्यु को भी परास्त करने में सक्षम होती है, ये जग-जाहिर है।

बाल मृत्यु के साथ जनमे मार्कंडेय को मिली शिव सुरक्षा के कारण यमराज को उनके प्राण लिये बिना वापस जाना पड़ा था। यही नहीं, शिव सुरक्षा के कारण मार्कंडेय ने नीरोगी और लंबा जीवन जिया। साथ ही 'मार्कंडेय पुराण' की रचना भी की। वे सिद्ध और प्रसिद्ध ऋषि बने।

□

शिवगुरु से अपने सवालों के जवाब प्राप्त करें

उदाहरणस्वरूप प्रश्न 1—क्या मुझे लक्ष्मी साधना करनी चाहिए?

उदाहरणस्वरूप प्रश्न 2—मैं समृद्धिशाली कैसे बनूँगा?

प्रश्न का उत्तर विधि

पूर्वी या उत्तर मुख होकर आराम से बैठ जाएँ और भगवान् शिव से कहें—

"हे देवों के देव और गुरुओं के गुरु मेरे गुरुदेव महादेव! मेरे समस्त अपराधों को क्षमा करके मुझ पर प्रसन्न हों। मेरे मन को शुद्ध और सुखमय शिवाश्रम बनाकर माता महेश्वरी भगवान् गणेश सहित सपरिवार इसमें विराजमान हों। मुझे और मेरे परिवार जनों को अपनी शरण में बनाए रखें। आपकी प्रेरणा से मेरे मन में एक प्रश्न उत्पन्न हुआ है। जिज्ञासा के समाधान हेतु उसे आपके चरणों में अर्पित कर रहा हूँ। इसे स्वीकार करें और मेरी जिज्ञासा का समाधान दें।

आपका धन्यवाद।

"हे शिव! आप मेरे गुरु हैं, मैं आपका शिष्य हूँ। मुझ शिष्य पर दया करें। मेरे प्रश्न का समाधान दें। प्रश्न—क्या मुझे लक्ष्मी साधना करनी चाहिए?"

(इस प्रक्रिया को तीन बार दोहराएँ।)

फिर शांत मन से आँखें बंद करके बैठ जाएँ। कम-से-कम पाँच मिनट बैठे रहें। इस बीच मन में कोई विचार न आने दें। इसी बीच आपको अपने सवाल का जवाब मिल जाएगा। थोड़े अभ्यास के बाद शिवगुरु द्वारा दिया गया जवाब स्पष्ट सुनाई देगा।

आरंभ में यदि उनका जवाब सुनाई नहीं दे रहा तो भी निराश न हों। आपको उनकी बात 'डिकोड' करनी नहीं आती, इसलिए ऐसा लगेगा कि कोई जवाब नहीं आ रहा, जबकि जवाब आ रहा होगा। जल्दी ही आप शिवगुरु के जवाब सुनने में सक्षम हो जाएँगे।

शिवगुरु का जवाब आपके अनाहत चक्र द्वारा प्राप्त किया जाता है, क्योंकि यह मन की गति से काम करता है। जवाब पाने के लिए मन की गति की आवश्यकता होती है। शास्त्रों के मुताबिक, अनाहत चक्र में शिव का वास होता है। अनाहत चक्र छाती के बीच में स्थित होता है। यह उत्साह, खुशी, उत्सव, सुख, दया, करुणा, प्रेम और उच्च भावनाओं का केंद्र होता है। मनुष्य के भीतर उनकी शक्तियाँ यहीं केंद्रित होती हैं।

अनाहत चक्र शिवगुरु से मिली सूचना आज्ञा चक्र को देता है। आज्ञा चक्र माथे पर दोनों भौंहों के बीच होता है। यह सभी तरह की सूचनाओं को एकत्र करके मस्तिष्क को भेजता है। मस्तिष्क उन्हें डिकोड करके हमारे ज्ञान संग्रह में शामिल कर लेता है। इसी लिए आज्ञा चक्र को 'ज्ञान चक्र' भी कहा जाता है। यह शरीर के सभी चक्रों को नियंत्रित भी करता है। उनसे काम भी लेता है। इसके बिगड़ने पर लोगों के काम बिगड़ते रहते हैं। व्यक्ति अकसर भ्रमित रहता है। अपने गलत फैसलों से नुकसान उठाता रहता है।

यदि आज्ञा चक्र विकारग्रस्त है तो वह अनाहत चक्र द्वारा दिए जा रहे शिवगुरु के जवाबों को डिकोड नहीं कर सकेगा। ऐसे में जवाब समझने में थोड़ा समय लगता है।

ऐसी स्थिति में शिव शिष्य द्वारा धारण किया गया शिव ज्ञान जागरण रुद्राक्ष सहायता करता है और विभिन्न माध्यमों से शिवगुरु से प्राप्त जवाब शिष्य तक पहुँचना सुनिश्चित कराता है।

चूँकि शिवगुरु ब्रह्मांड के सर्वाधिक सक्षम गुरुओं में से हैं, इसलिए वे अपने शिष्य की सहायता करके अन्य तरीकों से अपना जवाब उस तक पहुँचाते हैं। शिवगुरु का जवाब स्पष्ट नहीं सुन पा रहे तो आप देखेंगे कि आपके सवाल का जवाब किसी अन्य माध्यम से आप तक पहुँच रहा है। जैसे अखबार की किसी खबर या विज्ञापन में आपको अपना जवाब दिख सकता है। टी.वी. पर

किसी प्रोग्राम में जवाब दिख सकता है, या किसी अन्य व्यक्ति द्वारा की जा रही बातचीत के बीच आपका जवाब मिल सकता है।

ध्यान रहे, जैसे ही उनका जवाब मिलेगा, तुरंत मन में विचार आएगा कि अरे, यह तो मेरे सवाल का जवाब है।

तब शिवगुरु को धन्यवाद दें।

□

मैं समृद्धिशाली कैसे बनूँगा

(शिवगुरु से इसका जवाब पाने की विधि)

पूर्व या उत्तर मुख होकर आराम से बैठ जाएँ और भगवान् शिव से कहें।

"हे देवों के देव और गुरुओं के गुरु मेरे गुरुदेव महादेव! मेरे समस्त अपराधों को क्षमा करके मुझ पर प्रसन्न हों। मेरे मन को शुद्ध और सुखमय शिवाश्रम बनाकर माता महेश्वरी भगवान् गणेश सहित सपरिवार इसमें विराजमान हों। मुझे और मेरे परिवार जनों को अपनी शरण में बनाए रखें। आपकी प्रेरणा से मेरे मन में एक प्रश्न उत्पन्न हुआ है। जिज्ञासा के समाधान हेतु उसे आपके चरणों में अर्पित कर रहा हूँ। इसे स्वीकार करें और मेरी जिज्ञासा का समाधान दें। आपका धन्यवाद।"

"हे शिव! आप मेरे गुरु हैं, मैं आपका शिष्य हूँ। मुझ शिष्य पर दया करें। मेरे प्रश्न का समाधान दें। मैं समृद्धिशाली कैसे बनूँगा, कृपया मुझे स्पष्ट राह दिखाएँ।"

(इस प्रक्रिया को तीन बार दोहराएँ।)

फिर शांत मन से आँखें बंद करके बैठे रहें। कम-से-कम 5 मिनट बैठे रहें। इस बीच मन में कोई विचार न आने दें। इसी बीच आपको अपने सवाल का जवाब मिल जाएगा। थोड़े अभ्यास के बाद शिवगुरु द्वारा दिया गया जवाब स्पष्ट सुनाई देगा।

आरंभ में यदि उनका जवाब सुनाई नहीं दे रहा तो भी निराश न हों। आपको उनकी बात 'डिकोड' करनी नहीं आती, इसलिए ऐसा लगेगा कि कोई

जवाब नहीं आ रहा; जबकि जवाब आ रहा होगा। जल्दी ही आप शिवगुरु के जवाब सुनने में सक्षम हो जाएँगे।

शिवगुरु का जवाब आपके अनाहत चक्र द्वारा प्राप्त किया जाता है, क्योंकि यह मन की गति से काम करता है। जवाब पाने के लिए मन की गति की आवश्यकता होती है। शास्त्रों के मुताबिक, अनाहत चक्र में शिव का वास होता है। अनाहत चक्र छाती के बीच में स्थित होता है। यह उत्साह, खुशी, उत्सव, सुख, दया, करुणा, प्रेम और उच्च भावनाओं का केंद्र होता है। मनुष्य के भीतर उनकी शक्तियाँ यहीं केंद्रित होती हैं।

अनाहत चक्र शिवगुरु से मिली सूचना आज्ञा चक्र को देता है। आज्ञा चक्र माथे पर दोनों भौंहों के बीच होता है। यह सभी तरह की सूचनाओं को एकत्र करके मस्तिष्क को भेजता है। मस्तिष्क उन्हें डिकोड करके हमारे ज्ञान संग्रह में शामिल कर लेता है। इसीलिये आज्ञा चक्र को 'ज्ञान चक्र' भी कहा जाता है। ये शरीर के सभी चक्रों को नियंत्रित भी करता है, उनसे काम भी लेता है। इसके बिगड़ने पर लोगों के काम बिगड़ते रहते हैं। व्यक्ति अक्सर भ्रमित रहता है। अपने गलत फैसलों से नुकसान उठाता रहता है।

यदि आज्ञा चक्र विकारग्रस्त है तो वह अनाहत चक्र द्वारा दिए जा रहे शिवगुरु के जवाबों को डिकोड नहीं कर सकेगा। ऐसे में जवाब समझने में थोड़ा समय लगता है।

ऐसी स्थिति में शिव शिष्य द्वारा धारण किया गया शिव ज्ञान जागरण रुद्राक्ष सहायता करता है और विभिन्न माध्यमों से शिवगुरु से प्राप्त जवाब शिष्य तक पहुँचना सुनिश्चित कराता है।

चूँकि शिवगुरु ब्रह्मांड के सर्वाधिक सक्षम गुरुओं में से हैं, इसलिए वे अपने शिष्य की सहायता करके अन्य तरीकों से अपना जवाब उस तक पहुँचते हैं। शिवगुरु का जवाब स्पष्ट नहीं सुन पा रहे तो आप देखेंगे कि आपके सवाल का जवाब किसी अन्य माध्यम से आप तक पहुँच रहा है। जैसे अखबार की किसी खबर या विज्ञापन में आपको अपना जवाब दिख सकता है। टी.वी. पर किसी प्रोग्राम में जवाब दिख सकता है, या किसी अन्य व्यक्ति द्वारा की जा रही बातचीत के बीच आपका जवाब मिल सकता है।

ध्यान रहे, जैसे ही उनका जवाब मिलेगा, तुरंत मन में विचार आएगा कि अरे, यह तो मेरे सवाल का जवाब है

तब शिवगुरु को धन्यवाद दें।

□

सवाल और सावधानियाँ

1. शिवगुरु ब्रह्मांड के काम-काज में अति व्यस्त रहते हैं, इसलिए उनसे गैर, जरूरी और अमर्यादित सवाल कभी न पूछें।
2. एक ही सवाल को बार-बार न पूछें। शिवगुरु को आपसे बेहतर मालुम है कि कौन सी जानकारी आपके लिए कब लाभकारी होगी। उसी के मुताबिक उचित समय पर जवाब मिलेगा।
3. जिसमें किसी का अहित हो, सवाल कभी न पूछें।
4. शिवगुरु को आजमाने की प्रवृत्ति से कोई सवाल न पूछें।
5. बेहतर परिणामों के लिए अपने से जुड़े सवाल ही पूछें।

□

शिवगुरु से अपनी कामना पूरी कराएँ

उदाहरणस्वरूप कामना 1—लाखों लोगों की सेवा करने की कामना।

उदाहरणस्वरूप कामना 2—मेरा अपना मकान बन जाए।

कामना पूरी कराने की विधि

पूर्व या उत्तर मुख होकर आराम से बैठ जाएँ— भगवान् शिव से कहें।

"हे देवों के देव और गुरुओं के गुरु मेरे गुरुदेव महादेव! मेरे समस्त अपराधों को क्षमा करके मुझ पर प्रसन्न हों। मेरे मन को शुद्ध और सुखमय शिवाश्रम बनाकर माता महेश्वरी भगवान् गणेश सहित सपरिवार इसमें विराजमान हों। मुझे और मेरे परिवार जनों को अपनी शरण में बनाए रखें। आपकी प्रेरणा से मेरे मन में कामना उत्पन्न हुई है। अपने और दूसरों के सुखी जीवन हेतु अपनी कामना आपके चरणों में अर्पित कर रहा हूँ। इसे स्वीकार करें और साकार करें। आपका धन्यवाद।"

"हे शिव! आप मेरे गुरु हैं, मैं आपका शिष्य हूँ। मुझ शिष्य पर दया करें।

"मेरी कामना है कि मैं लाखों लोगों की तन से, मन से, धन से सेवा और सहायता करूँ। अपनी कामना आपके चरणों में अर्पित कर रहा हूँ। इसे स्वीकार करें और साकार करें। लोगों की सेवा हेतु मुझे तन से, मन से, धन से सक्षम बनाए।"

प्रश्न—क्या मुझे देवी साधना करनी चाहिए

(इसे तीन बार दोहराएँ।)

फिर शांत मन से आँखें बंद करके बैठ जाएँ। कम-से-कम पाँच मिनट

बैठे रहें। इस बीच मन में कोई विचार न आने दें। इसी बीच आपको अपने भीतर कामना स्वीकार होने की पुष्टि का अहसास होगा। भीतर से आवाज आएगी कि कामना स्वीकार हो गई है। बिना किसी संशय के शिवगुरु को धन्यवाद देकर उठ जाएँ। यदि कामना स्वीकार होने की पुष्टि न मिले तो शांत मन से पाँच मिनट और बैठें। यदि इसके बाद भी जवाब न मिले तो शांत भाव से उठ जाएँ। कम-से-कम 12 घंटे के अंतराल के बाद फिर इसी तरह से कामना दोहराएँ और जब तक पुष्टि न हो जाए, तब तक शिवगुरु के समक्ष अपनी कामना रखते रहें।

अनाहत चक्र में भगवान् शिव की शक्तियाँ विराजमान होती हैं। अपनी कामना कहते समय छाती पर स्थित अनाहत चक्र पर ध्यान लगाए रखें। अनाहत चक्र मन की गति से आपकी कामना को भगवान् शिव के समक्ष पहुँचाता है। साथ ही इसी गति से वहाँ से जवाब लेकर आप तक पहुँचाता है। अनाहत चक्र की भाषा सामान्य व्यक्ति डिकोड नहीं कर सकता, इसलिए ये चक्र ब्रह्मांड से प्राप्त सूचनाओं को आज्ञा चक्र को सौंप देता है। आज्ञा चक्र उन्हें मस्तिष्क को दे देता है। मस्तिष्क पर आज्ञा चक्र का नियंत्रण रहता है। मस्तिष्क सभी सूचनाओं को डिकोड करके लोगों को बताता है। जिस व्यक्ति का आज्ञा चक्र व्यवस्थित नहीं होता, उसे कामना पुष्टि की जानकारी देर में समझ में आती है।

ऐसी स्थिति में शिव शिष्य द्वारा धारण किया गया शिव ज्ञान जागरण रुद्राक्ष सहायता करता है और विभिन्न माध्यमों से कामना स्वीकारे जाने की पुष्टि सुनिश्चित करता है।

शिवगुरु से रोज कहें "हे शिव! आप मेरे गुरु हैं, मैं आपका शिष्य हूँ। मुझ शिष्य पर दया करें। संसार के सभी जरूरतमंदों को शिव सुख प्रदान करें। शिव सुरक्षा प्रदान करें। आपको धन्यवाद।"

□

मेरा अपना मकान बन जाए

उदाहरणस्वरूप कामना 2—पूरी कराने की विधि

पूर्व या उत्तर मुख होकर आराम से बैठ जाएँ और भगवान् शिव से कहें—

"हे देवों के देव और गुरुओं के गुरु मेरे गुरुदेव महादेव! मेरे समस्त अपराधों को क्षमा करके मुझ पर प्रसन्न हों। मेरे मन को शुद्ध और सुखम्य शिवाश्रम बनाकर माता महेश्वरी भगवान् गणेश सहित सपरिवार इसमें विराजमान हों। मुझे और मेरे परिवार जनों को अपनी शरण में बनाए रखें। आपकी प्रेरणा से मेरे मन में कामना उत्पन्न हुई है। अपने और दूसरों के सुखी जीवन हेतु अपनी कामना आपके चरणों में अर्पित कर रहा हूँ। इसे स्वीकार करें और साकार करें। आपका धन्यवाद।"

"हे शिव! आप मेरे गुरु हैं, मैं आपका शिष्य हूँ, मुझ शिष्य पर दया करें।

"मेरी कामना है कि मैं लाखों लोगों की तन से, मन से, धन से सेवा और सहायता करूँ। अपनी कामना आपके चरणों में अर्पित कर रहा हूँ। इसे स्वीकार करें और साकार करें। मेरा अपना मकान बनें और उसमें मैं परिवार सहित सुखमय वास करूँ। "

(इसे तीन बार दोहराएँ)

फिर शांत मन से आँखें बंद करके बैठ जाएँ। कम-से-कम 5 मिनट बैठे रहें। इस बीच मन में कोई विचार न आने दें। इसी बीच आपको अपने भीतर कामना स्वीकार होने की पुष्टि का अहसास होगा। भीतर से आवाज आएगी की कामना स्वीकार हो गई है। बिना किसी संशय के शिवगुरु को धन्यवाद देकर उठ

जाएँ। यदि कामना स्वीकार होने की पुष्टि न मिले तो शांत मन से पाँच मिनट और बैठें। यदि इसके बाद भी जवाब न मिले तो शांत भाव से उठ जाएँ। कम-से-कम 12 घंटे के अंतराल के बाद फिर इसी तरह से कामना दोहराएँ और जब तक पुष्टि न हो जाए तब तक शिवगुरु के समक्ष अपनी कामना रखते रहें।

अनाहत चक्र में भगवान् शिव की शक्तियाँ विराजमान होती हैं। अपनी कामना कहते समय छाती पर स्थित अनाहत चक्र पर ध्यान लगाए रखें। अनाहत चक्र मन की गति से आपकी कामना को भगवान् शिव के समक्ष पहुँचाता है। साथ ही इसी गति से वहाँ से जवाब लेकर आप तक पहुँचाता है। अनाहत चक्र की भाषा सामान्य व्यक्ति डिकोड नहीं कर सकता, इसलिए यह चक्र ब्रह्मांड से प्राप्त सूचनाओं को आज्ञा चक्र को सौंप देता है। आज्ञा चक्र उन्हें मस्तिष्क को दे देता है। मस्तिष्क पर आज्ञा चक्र का नियंत्रण रहता है। मस्तिष्क सभी सूचनाओं को डिकोड करके लोगों को बताता है। जिस व्यक्ति का आज्ञा चक्र व्यवस्थित नहीं होता, उसे कामना पुष्टि की जानकारी देर में समझ में आती है।

ऐसी स्थिति में शिव शिष्य द्वारा धारण किया गया शिव ज्ञान जागरण रुद्राक्ष सहायता करता है और विभिन्न माध्यमों से कामना स्वीकारे जाने की पुष्टि सुनिश्चित कराता है।

□

कामना और सावधानियाँ

1. कामना सिर्फ वही करें, जिससे किसी का नुकसान न हो।
2. एक कामना पूरी होने के बाद ही दूसरी कामना करें।
3. एक ही कामना को बार-बार दोहराते रहने से बचें।
4. अपने साथ दूसरों के लिए भी कामना कर सकते हैं।
5. 'जनहित' की कामना रोज करें।

इसके लिए शिवगुरु से कहें "हे—शिव! आप मेरे गुरु हैं, मैं आपका शिष्य हूँ। मुझे शिष्य पर दया करें। संसार के सभी जरूरतमंदों को शिव सुख प्रदान करें। शिव सुरक्षा प्रदान करें। आपको धन्यवाद।"

□

शिवगुरु से बात करें

विधि

शिव ज्ञान जागरण रुद्राक्ष गले में धारण करके आराम से बैठ जाएँ। इस क्रिया में शिव ज्ञान जागरण रुद्राक्ष अनिवार्य है। यह रुद्राक्ष साधक के आभामंडल को शिवगुरु के आभामंडल से जोड़कर रखता है। साथ ही साधक के अनाहत चक्र सहित सभी ऊर्जा चक्रों को नियमित रूप से उपचारित करता रहता है।

शिवगुरु से सीधे संपर्क के लिए अनाहत चक्र का ठीक होना जरूरी है। अनाहत चक्र मन की गति से साधक की बात भगवान् शिव तक पहुँचाता है। साथ ही उसी गति से उनकी बात साधक तक पहुँचाता है। इसे ऐसा मोबाइल यंत्र सा समझें, जो बिना तार के गंतव्य से जोड़ देता है।

रुद्राक्ष से कहें "हे सिद्ध रुद्राक्ष! मेरी भावनाओं से जुड़कर मेरे लिए सिद्ध बने रहेंगे। मुझे इसी क्षण भगवान् शिव की ऊर्जाओं से जोड़ दें और भगवान् शिव से बात करने में मेरी सहायता करें।"

भगवान् शिव से कहें—

"हे देवों के देव और गुरुओं के गुरु मेरे गुरुदेव महादेव! मेरे समस्त अपराधों को क्षमा करके मुझ पर प्रसन्न हों। मेरे मन को शुद्ध और सुखमय शिवाश्रम बनाकर माता महेश्वरी भगवान् गणेश सहित सपरिवार इसमें विराजमान हों। मुझे और मेरे परिवार जनों को अपनी शरण में बनाए रखें। आपका धन्यवाद।

"हे शिव! आप मेरे गुरु हैं, मैं आपका शिष्य हूँ। मुझ शिष्य पर दया करें।

मुझे आपसे अपनी बात कहनी है। कृपया इसके लिए मुझे अपनी अनुमति प्रदान करें। आपका धन्यवाद।"

(इसे तीन बार कहें।)

उसके बाद शिवगुरु से अपनी बात कहें।

फिर शांत होकर बैठ जाएँ। मन में किसी भी विचार को रोकें नहीं। कुछ ही समय में आपको अपनी बात का जवाब मिलेगा।

ध्यान रहे, शिवगुरु अति व्यस्तता में होते हैं। इसलिए उनसे गैर-जरूरी या सिर्फ आजमाइश के लिए बात न करें। जब तक पहली बात का प्रत्युत्तर न मिल जाए, तब तक दूसरी बात न कहें। अपनी बात स्पष्ट और छोटे वाक्य में ही कहें। एक बार में एक ही बात कहें। उनसे लंबी बातें कभी न करें। उनसे इधर-उधर की फालतू बातें करने की कोशिश कभी न करें।

शिवगुरु से गुरु-शिष्य की मर्यादा में ही बातें करें।

इस अभ्यास को तब तक करते रहें, जब तक आपके कान शिवगुरु की आवाज सुनने और समझने लायक न हो जाएँ।

कुछ समय के अभ्यास के बाद पाएँगे कि आपकी उनसे बातचीत शुरू हो गई।

दरअसल बातचीत तो पहले दिन से ही शुरू हो जाती है। हम कभी उतावलेपन के कारण तो कभी उनकी बातों को डिकोड न कर पाने के कारण उन्हें सुन नहीं पाते, मगर समर्पित भाव से इस क्रिया को लगातार करते रहने से उन तक हमारी और हम तक उनकी बातें पहुँचने लगती हैं। हम उन्हें समझने भी लगते हैं।

शिवगुरु से की गई बातें कहीं हमारा भ्रम तो नहीं।

इसे स्पष्ट करने के लिए दो साधक एक ही बात को शिवगुरु के समक्ष अलग-अलग स्थान पर रखें। पूरे समर्पण के साथ क्रिया को दोहराएँ। पाएँगे कि अलग-अलग स्थान पर होने के बावजूद दोनों साधकों को एक बात के एक ही प्रत्युत्तर मिले।

□

शिवगुरु से समस्या समाधान का आग्रह

उदाहरणस्वरूप समस्या 1—बार-बार नुकसान।

उदाहरणस्वरूप समस्या 2—कलह और तनाव।

विधि

पूर्व या उत्तर मुख होकर आराम से बैठ जाएँ और भगवान् शिव से कहें—

"हे देवों के देव और गुरुओं के गुरु मेरे गुरुदेव महादेव! मेरे समस्त अपराधों को क्षमा करके मुझ पर प्रसन्न हों। मेरे मन को शुद्ध और सुखमय शिवाश्रम बनाकर माता महेश्वरी भगवान् गणेश सहित सपरिवार इसमें विराजमान हों। मुझे और मेरे परिवार जनों को अपनी शरण में बनाए रखें। आपका धन्यवाद।

"हे शिव! आप मेरे गुरु हैं, मैं आपका शिष्य हूँ। मुझ शिष्य पर दया करें।

मैं बार-बार होनेवाले नुकसान की समस्या से ग्रसित हूँ, जिसके कारण मन विचलित रहता है और शिव सेवा करने में समस्या आ रही है। यह परेशानी आपके चरणों में अर्पित कर रहा हूँ। इससे मुक्ति की राह और सामर्थ्य दें। आपका धन्यवाद।

(इसे तीन बार दोहराएँ)

फिर शांत मन से आँखें बंद करके बैठ जाएँ। कम-से-कम पाँच मिनट बैठे रहें। इस बीच मन में कोई विचार न आने दें। इसी बीच समस्या स्वीकारे जाने का भाव मन में उत्पन्न होगा। ऐसा होते ही मन हलका हो जाएगा। लगेगा कि आपकी मदद के लिए कोई साथ आ गया है।

बड़ी रहस्य भरी सच्चाई है कि अपने शिष्यों को समस्याओं से निकालने के

लिए शिवगुरु न सिर्फ अपनी शक्तियों का उपयोग करते हैं, बल्कि अपने गणों तक का भी उपयोग करते हैं, जिनकी सहायता से शिव शिष्यों को तमाम ऐसे संपर्क मिल जाते हैं, जिनके सहयोग से समस्या मुक्ति हो जाती है।

इस कार्य के लिए अनाहत चक्र व्यक्ति की अवचेतन शक्ति को ब्रह्मांडीय शक्तियों के साथ जोड़ता है। इसलिए समस्या कहते समय अपनी छाती पर स्थित अनाहत चक्र पर ध्यान लगाए रखें। यहों शिव शक्तियों का वास होता है। अनाहत चक्र समस्या-मुक्ति के लिए व्यक्ति को अवचेतन शक्ति से संपर्क करता है।

सभी समस्याओं के बीज अवचेतन शक्ति में ही पड़े होते हैं।

वहाँ से समस्या के कारणों का पता लगाकर अनाहत चक्र ब्रह्मांड की उन सभी शक्तियों से संपर्क करता है, जो उस समस्या को हल करने में सक्षम हैं। फिर उनकी मदद प्राप्त करके समस्या का समाधान निकाल देता है। जब ब्रह्मांडीय शक्तियों को पता चलता है कि मामला शिव शिष्य का है तो वे सहज ही समस्या के समाधान हेतु सहयोग को तैयार हो जाती हैं।

जिन लोगों का आज्ञा चक्र बिगड़ा होता है, वे बहुत संशयी रहते हैं। इस कारण उनका अनाहत चक्र भी उलझी ऊर्जाओं का शिकार हो जाता है। तब समाधान में देरी की आशंका पैदा होती है।

ऐसी स्थिति में शिव शिष्य द्वारा धारण किया गया शिव ज्ञान जागरण रुद्राक्ष सहायता करता है। ये रुद्राक्ष व्यक्ति के सभी ऊर्जा चक्रों और आभामंडल की सभी 49 परतों की लगातार सफाई करता है, जिससे नकारात्मक ऊर्जाएँ हटती हैं। नकारात्मक ऊर्जाएँ ही सभी समस्याओं का कारण होती हैं। उनके हटते ही समस्याएँ हट जाती हैं।

उदाहरणस्वरूप समस्या 2 : कलह और तनाव

शिवगुरु से समाधान। आपसी कलह ने सारी दुनिया को अपने शिकंजे में जकड़ा हुआ है। हमारे देश के तमाम परिवार भी इसकी गिरफ्त में हैं। कलह मानसिक शांति भंग करता है; मगर इसका सबसे बड़ा दुष्प्रभाव आर्थिक संकट के रूप में सामने आता है।

जहाँ सुमति तह संपति नाना।
जहाँ कुमति वहाँ निपति बिधाना।।

रामचरितमानस की ये पंक्तियाँ युगों से सच होती आई हैं। कलियुग में कलह के दुष्प्रभाव ने मानव जाति के सुख समाप्त कर दिए हैं।

शिवगुरु से इस समस्या का समाधान जरूर लेना चाहिए। बड़े ही चमत्कारिक परिणाम मिलते हैं।

विधि

पूर्व या उत्तर मुख होकर आराम से बैठ जाएँ और भगवान् शिव से कहें—

"हे देवों के देव और गुरुओं के गुरु मेरे गुरुदेव महादेव! मेरे समस्त अपराधों को क्षमा करके मुझ पर प्रसन्न हों। मेरे मन को शुद्ध और सुखमय शिवाश्रम बनाकर माता महेश्वरी भगवान् गणेश सहित सपरिवार इसमें विराजमान हों। मुझे और मेरे परिवार जनों को अपनी शरण में बनाए रखें। आपका धन्यवाद।"

"हे शिव! आप मेरे गुरु हैं, मैं आपका शिष्य हूँ। मुझ शिष्य पर दया करें।

"मैं कलह और तनाव की समस्या से ग्रसित हूँ, जिसके कारण मन विचलित रहता है। शिव सेवा करने में समस्या आ रही है। यह परेशानी आपके चरणों में अर्पित कर रहा हूँ। मुझे और मेरे परिवार जनों को सद्बुद्धि दें। हम सबके मन शांत करें। हम सुखी जीवन जीएँ, इस हेतु मुझे और मेरे परिवार जनों को शिव सुख प्रदान करें। आपका धन्यवाद।"

(इसे तीन बार दोहराएँ)

फिर शांत मन से आँखें बंद करके बैठ जाएँ। कम-से-कम पाँच मिनट बैठे रहें। इस बीच मन में कोई विचार न आने दें।

इसी बीच समस्या स्वीकारे जाने का भाव मन में उत्पन्न होगा। ऐसा होते ही मन हलका हो जाएगा। लगेगा कि आपकी मदद के लिए कोई साथ आ गया है। □

समस्या और सावधानियाँ

1. शिवगुरु के समक्ष समस्या रखकर उसके निराकरण का धैर्यपूर्वक इंतजार करें।
2. व्याकुलता से अनाहत चक्र में नकारात्मकता बढ़ती है। उसकी क्रियाएँ प्रभावित हो जाती हैं।
3. शिवगुरु से कह देने के बद समस्या के बारे में सोचना छोड़ दें तो बहुत चमत्कारिक परिणाम मिलते हैं।
4. हम जिसे सोचते हैं, जीवन नें वही बढ़ता है। गलती से लोग समस्याओं के बारे में ही सोचते रहते हैं, जिसके कारण वे बहुत तेजी से बढ़ती जाती हैं।
5. जो प्राप्त है, उसके बारे में सोचें, जो नहीं मिला उसे भविष्य में सोचने के लिए छोड़ दें। तो अवचेतन शक्ति समस्या समाप्त कर देती है।

□

शिवगुरु से देवदूतों की माँग

विधि

आराम से बैठ जाएँ।

शिव ज्ञान जागरण रुद्राक्ष गले में धारण कर लें।

इस क्रिया में शिव ज्ञान जागरण रुद्राक्ष अनिवार्य है।

यह रुद्राक्ष साधक के आभामंडल को शिवगुरु के आभामंडल से जोड़कर रखता है। साथ ही साधक के अनाहत चक्र सहित सभी ऊर्जा चक्रों में ऊर्जा नियमित संचरण करती है, जिससे साधक की कुंडली और ऊर्जा चक्र सक्रिय होते हैं। साधक उच्च शक्तियों से जुड़ने योग्य हो जाता है। यह साधक को मन की गति से दैवो शक्तियों के साथ जोड़ने में सक्षम होता है।

शिवगुरु से सीधे संपर्क के लिए अनाहत चक्र का ठीक होना जरूरी है। अनाहत चक्र मन की गति से साधक की बात भगवान् शिव तक पहुँचाता है। साथ ही उसी गति से उनकी बात साधक तक पहुँचाता है। इसे ऐसा मोबाइल यंत्र-सा समझें, जो बिना तार के गंतव्य से जोड़ देता है।

रुद्राक्ष से कनेक्टिविटी का आग्रह करें। कहें— हे सिद्ध रुद्राक्ष! मेरी भावनाओं से जुड़कर मेरे लिए सिद्ध बने रहेंगे। मुझे इसी क्षण भगवान् शिव की ऊर्जाओं से जोड़ दें और भगवान् शिव मेरी बात पहुँचाने में मेरी सहायता करें।

भगवान् शिव से देवदूतों की माँग करें, कहें—

"हे देवों के देव और गुरुओं के गुरु मेरे गुरुदेव महादेव! आपको मेरा प्रणाम है। ब्रह्मांड के प्रति मुझसे जाने-अनजाने हुए सभी अपराधों को क्षमा

करके मुझ पर प्रसन्न हों। मेरे मन को शुद्ध और सुखमय शिवाश्रम बनाकर माता महेश्वरी भगवान् गणेशजी सहित सपरिवार इसमें विराजमान हों। मुझे सदैव अपनी शरण में बनाए रखें।

"हे शिव! आप मेरे गुरु हैं, मैं आपका शिष्य हूँ। मुझ शिष्य पर दया करें। मेरी सहायता हेतु मेरे साथ सक्षम देवदूतों की नियुक्ति करें। आपका धन्यवाद।" (इन वाक्यों को तीन बार दोहराएँ।)

आँखें बंद करके शिव ज्ञान जागरण रुद्राक्ष पर ध्यान केंद्रित करें। रुद्राक्ष से मन-ही-मन कहें, "हे दिव्य रुद्राक्ष! भगवान् शिव द्वारा मेरे लिए नियुक्त देवदूतों के साथ मुझे जोड़ दें। मेरी बात उन तक पहुँचाएँ और मुझे उनकी उपस्थिति का आभास कराएँ।" (इसे तब तक दोहराते रहें, जब तक अपने आसपास किसी अदृश्य एवं सुखद उपस्थिति का आभास न होने लगे।)

कुछ ही क्षणों में आपके भीतर देवदूतों की नियुक्ति की पुष्टि के भाव उत्पन्न हो जाएँगे। साथ ही आपको लगने लगेगा कि कोई अदृश्य शक्ति आपके साथ है।

ध्यान रहे, इस क्रिया में शिवगुरु के प्रति आपका अडिग विश्वास ही देवदूतों को मदद के लिए प्रेरित करता है। इस विश्वास की कमी ही प्रार्थना की विफलता का एकमात्र कारण होती है। उनके प्रति विश्वास हर हाल में बना रहना चाहिए।

इस विधि से अलग-अलग कार्यों के लिए सक्षम देवदूतों की मदद मिल जाती है।

□

देवदूतों की माँग के नियम

शिवगुरु से देवदूतों की माँग के समय कुछ नियमों को जरूर ध्यान में रखें। देवदूतों की माँग शांत मन से, दृढ़ शब्दों में, विनम्रतापूर्वक करें। उनकी सहायता पाने के लिए अपना आत्मबल बनाए रखें।

1. जो समस्याएँ सामान्य उपाय से हल हों, उनके लिए देवदूतों की माँग न करें।
2. छोटी समस्याओं के लिए देवदूतों की माँग न करें।
3. हर काम के लिए देवदूतों की माँग न करें।
4. अनैतिक कार्यों के लिए देवदूतों की सहायता बिलकुल न माँगे। अन्यथा विपरीत परिणामों का सामना करना पड़ सकता है।
5. किसी के अधिकारों का हनन करने के लिए देवदूतों की माँग कभी न करें।
6. किसी का नुकसान हो, ऐसे कार्यों के लिए देवदूतों की माँग कभी न करें।
7. आत्म-रक्षा के लिए देवदूतों की सहायता माँगें, लेकिन किसी से दुश्मनी निकालने के लिए उनकी माँग कभी न करें।
8. एक बार में एक ही काम के लिए देवदूतों की सहायता माँगें।
9. जिन लोगों को आप नहीं जानते, उनके लिए देवदूतों की माँग न करें।
10. प्रभावी नतीजों के लिए सीधे देवदूतों से सहायता माँगने की बजाय उनके अधिपति देव या शिवगुरु से देवदूतों की नियुक्ति की माँग करें।

□

देवदूतों को मखाने की खीर दें

कार्य पूरा होते ही पता चल जाता है कि उसे देवदूतों ने पूरा किया। काम पूरा होने पर शिवगुरु को धन्यवाद दें। उनके द्वारा नियुक्त देवदूतों को धन्यवाद दें।

धन्यवाद-स्वरूप मखाने की खीर बनवाएँ और उसे निकट के किसी शिव मंदिर में लेकर जाएँ। वहाँ भगवान् शिव को अर्पित करें। उनसे कहें—मेरे कार्य हेतु आपने जिन देवदूतों की नियुक्ति की थी, ये भेंट उनके लिए हैं। स्वीकार करें। सदैव ऐसे ही मेरी सहायता करते रहें। आपका धन्यवाद, दिव्य देवदूतों का धन्यवाद।

देवदूतों के लिए अर्पित खीर के प्रसाद को वापस घर न लाएँ।

उसे पात्र सहित वहीं मंदिर में पुजारी के लिए छोड़ दें।

□

ऊपरी बाधा में देवदूतों की सहायता

सामान्यतः ऊपरी बाधा तीन तरह की होती है—एक प्रेत बाधा, दूसरी नकारात्मक तत्त्वों की बाधा, तीसरी तंत्र की बाधा।

इनमें प्रेत बाधा के शिकार 1,000 पीड़ितों में से 4 या 5 होते हैं। तंत्र बाधा के शिकार 100 में से 9 से 12 लोग होते हैं। नकारात्मक भावनाओं के शिकार लोग 30 प्रतिशत तक होते हैं। बाकी सब वहम के शिकार होते हैं। जो लोग वहम के शिकार होते हैं, उनमें से काफी लोग आगे चलकर नकारात्मक तत्त्वों के शिकंजे में फँस जाते हैं।

नकारात्मक तत्त्व सबसे अधिक घातक होते हैं। इनके लक्षण भूत-प्रेत या काला जादू की तरह होते हैं। ज्यादातर पीड़ितों को, तांत्रिकों को लगता है कि वे भूत-प्रेत हैं। उनके उपचार में भूत-प्रेत हटाने की विधि का उपयोग करते हैं। इसे ऐसे समझें, जैसे किसी का पेट खराब हो मगर दवा बुखार की दी जा रही हो। इसी कारण समस्या खत्म नहीं होती। पीड़ितों को थोड़ी देर का आराम मिलता है। कुछ समय बाद वे दोबारा उसी समस्या से ग्रसित हो जाते हैं।

नकारात्मक तत्त्व बहुत छोटे जीव होते हैं। उनका शरीर प्लाज्मा का बना होता है, इसलिए वे साधारण आँखों से दिखाई नहीं देते। भोजन की तलाश में भटकना उनका काम होता है। ईश्वर ने उन्हें हमारे सफाई कर्मचारी के रूप में बनाया है। हमारे ऊर्जा चक्र जीवन चलाने के लिए ब्रह्मांड से सकारात्मक ऊर्जाएँ ग्रहण करते रहते हैं। उस समय वे घड़ी की दिशा में घूमते हैं। शरीर और सूक्ष्म शरीर द्वारा उपयोग कर ली गई अवशेष ऊर्जा को चक्र बाहर निकाल देते हैं। उस समय वे उलटी दिशा में घूमते हैं। अवशेष ऊर्जा मल-मूत्र की तरह नकारात्मक

होती है। ऊर्जा चक्र उसे शरीर से ढाई फीट दूर तक ही फेंक पाते हैं। उससे आगे अवशेष ऊर्जा का नकारात्मक जमाव शुरू हो जाता है।

चक्रों के पास जमा हो रही यह नकारात्मक ऊर्जा कुछ समय बाद चक्रों को अवरुद्ध करने लगती है, जिससे चक्रों का घूमना रुक जाता है। ऊर्जा चक्रों के रुकने का मतलब है—तन की, मन की, धन की भारी समस्याएँ और कुछ समय बाद मृत्यु।

साधारण लोग चक्रों के बाहर जमा हो रहे ऊर्जा के इस कचरे से परिचित नहीं होते और न ही उसे हटाना जानते हैं। ईश्वर ने इसे हटाने के लिए नकारात्मक तत्त्वों का निर्माण किया। वे सुनसान जगहों, कब्रिस्तान, श्मशान, गंदी नमी-युक्त जगहों, बंद पड़े मकानों, वीरान इमारतों में समूह बनाकर रहते हैं। बहुत दूर से अपने भोजन को देख लेते हैं, लोगों के ऊर्जा चक्रों के ऊपर जमा हो रही नकारात्मक ऊर्जा उनका भोजन है। उसे खाने के लिए नकारात्मक तत्त्व समूह बनाकर लोगों के पास आते हैं, नकारात्मक ऊर्जा को खाते हैं और लौट जाते हैं।

लेकिन जब वे आते हैं, उस वक्त व्यक्ति के भीतर से नकारात्मक ऊर्जा लगातार निकल रही हो तो लौटते नहीं। उन्हें लगता है, भोजन यहीं है। कहीं जाने की जरूरत नहीं। चक्रों से निकल रही नकारात्मक ऊर्जा को खाने के लिए वे चक्र की सुरक्षा जाली पर चिपक जाते हैं। जब कोई व्यक्ति गुस्से में हो, तनाव में हो, दु:ख में हो, लंबे समय से बीमार हो, डिप्रेशन में हो, किसी की आलोचनाओं में डूबा रहता हो, हर वक्त शक व संदेह करता हो, अकसर ऊटपटाँग हरकतें करता हो, नशे का आदी हो, जुए व सट्टे का आदी हो, चरस-गाँजा या स्मैक व ड्रग्स का आदी हो, व्यसनी हो तो उसके अंदर से नकारात्मक ऊर्जा निकलती रहती है। उसे खाने के लिए चक्रों की सुरक्षा जाली पर चिपके नकारात्मक तत्त्व कालांतर में जाली काटकर भीतर घुस जाते हैं।

सुरक्षा जाली काटकर चक्रों में घुस गए नकारात्मक तत्त्व बहुत खतरनाक होते हैं। वे व्यक्ति के शरीर, मन व मस्तिष्क पर कब्जा कर लेते हैं। उनका शिकार व्यक्ति वही करता है, जो वे कराते हैं। वे अपने शिकार से बेतुकी गतिविधियाँ कराते हैं, जिससे नकारात्मक ऊर्जा उत्पन्न होती है। नकारात्मक तत्त्व उसका भोजन करते हैं। नकारात्मक तत्त्व जिसके आँखों की जाली काटकर

घुसते हैं, उसे काली छाया या भूत-प्रेत नजर आते हैं। जिसकी कानों की जाली काटकर घुसते हैं, उन्हें अज्ञात आवाजें सुनाई देती हैं। कान में घंटियाँ बजती हैं, सीटी बजती हैं, गाली सुनाई देती हैं। कुछ को मंत्र, कीर्तन सुनाई देते हैं। जिनके हाथों की जाली काट दी जाती है, वे दिन भर हाथ धोते रहते हैं। उन्हें हर समय लगता है कि उनके हाथों में गंदगी लग गई है। कुछ लोग दिन भर नहाते रहते हैं, बार-बार घर की सफाई करते रहते हैं।

शराब, सिगरेट, पान मसाला व अन्य नशा करनेवाले लोग लत छोड़ने की बहुत कोशिश करते हैं; मगर उनके भीतर घुसे नकारात्मक तत्त्व उन्हें नशा करने के लिए मजबूर कर देते हैं। नकारात्मक तत्त्व बहुत इंटेलीजेंट होते हैं। ये ऊर्जा के बहुत अच्छे रीडर होते हैं। जब इन्हें तंत्र-मंत्र की शक्ति से हटाने की कोशिश की जाती है तो कुछ देर के लिए ये हट जाते हैं। जल्दी ही वापस लौटकर चक्र में घुस जाते हैं। नकारात्मक तत्त्वों को झाड़-फूँक, तंत्र-मंत्र से हटा पाना नामुमकिन-सा होता है। यही कारण है कि इनके शिकार लोग सालों साल तक इधर-उधर भटकते रहते हैं।

इन्हें हटाने के लिए बिजली की तरह चमकती इलेक्ट्रिक वायलेट एनर्जी बहुत कारगर होती है। उससे इनका शरीर जल जाता है।

नकारात्मक तत्त्वों को हटाने में देवदूतों की सहायता से बड़ा लाभ मिलता है। देवदूत पीड़ित व्यक्ति का सुरक्षा कवच बनाकर नकारात्मक तत्त्व तक वापस जाने से रोक देते हैं।

□

नकारात्मक तत्त्वों के लिए देवदूतों की माँग

विधि

आराम से बैठ जाएँ।

शिव ज्ञान जागरण रुद्राक्ष गले में धारण कर लें।

इस क्रिया में शिव ज्ञान जागरण रुद्राक्ष अनिवार्य है।

यह रुद्राक्ष साधक के आभामंडल को शिवगुरु के आभामंडल से जोड़कर रखता है। साथ ही साधक के अनाहत चक्र सहित सभी ऊर्जा चक्रों में ऊर्जा नियमित संचरण है, जिससे साधक की कुंडली और ऊर्जा चक्र सक्रिय होते हैं। साधक उच्च शक्तियों से जुड़ने योग्य हो जाता है। यह साधक को मन की गति से दैवी शक्तियों के साथ जोड़ने में सक्षम होता है।

शिवगुरु से सीधे संपर्क के लिए अनाहत चक्र का ठीक होना जरूरी है। अनाहत चक्र मन की गति से साधक की बात भगवान् शिव तक पहुँचाता है। साथ ही उसी गति से उनकी बात साधक तक पहुँचाता है। इसे ऐसा मोबाइल यंत्र-सा समझें, जो बिना तार के गंतव्य से जोड़ देता है।

रुद्राक्ष से कनेक्टिविटी का आग्रह करें। कहें—हे सिद्ध रुद्राक्ष! मेरी भावनाओं से जुड़कर मेरे लिए सिद्ध बने रहेंगे। मुझे इसी क्षण भगवान् शिव की ऊर्जाओं से जोड़ दें और भगवान् शिव तक मेरी बात पहुँचाने में मेरी सहायता करें।

भगवान् शिव से देवदूतों की माँग करें, कहें—

"हे देवों के देव और गुरुओं के गुरु मेरे गुरुदेव महादेव! आपको मेरा प्रणाम है। ब्रह्मांड के प्रति मुझसे जाने-अनजाने हुए सभी अपराधों को क्षमा करके मुझ पर प्रसन्न हों। मेरे मन को शुद्ध और सुखमय शिवाश्रम बनाकर माता महेश्वरी भगवान् गणेशजी सहित सपरिवार इसमें विराजमान हों। मुझे सदैव अपनी शरण में बनाए रखें।

"हे शिव! आप मेरे गुरु हैं, मैं आपका शिष्य हूँ। मुझ शिष्य पर दया करें। नकारात्मक तत्त्वों से सुरक्षा हेतु मेरे साथ (किसी अन्य के लिए देवदूतों की सहायता चाहते हैं तो उसका नाम लें) नकारात्मकता-विनाशक शक्तिशाली देवदूतों की नियुक्ति करें। आपका धन्यवाद।" (इन वाक्यों को तीन बार दोहराएँ)

आँखें बंद करके शिव ज्ञान जागरण रुद्राक्ष पर ध्यान केंद्रित करें। रुद्राक्ष से मन-ही-मन कहें, "हे दिव्य रुद्राक्ष! भगवान् शिव द्वारा मेरे लिए नियुक्त देवदूतों के साथ मुझे जोड़ दें। मेरी बात उन तक पहुँचाएँ और मुझे उनकी उपस्थिति का आभास कराएँ।" (इसे तब तक दोहराते रहें, जब तक अपने आसपास किसी अदृश्य एवं सुखद उपस्थिति का आभास न होने लगे।)

कुछ ही क्षणों में आपके भीतर देवदूतों की नियुक्ति की पुष्टि के भाव उत्पन्न हो जाएँगे। साथ ही आपको लगने लगेगा कि कोई अदृश्य शक्ति आपके साथ है। तब कहें, शिवगुरु द्वारा—मेरे आग्रह पर नियुक्त दिव्य देवदूतो आपको प्रणाम है। आप मेरी सहायता करें। आपका धन्यवाद।

ध्यान रहे, इस क्रिया में शिवगुरु के प्रति आपका अडिग विश्वास ही देवदूतों को मदद के लिए प्रेरित करता है। इस विश्वास की कमी ही प्रार्थना की विफलता का एकमात्र कारण होती है। उनके प्रति विश्वास हर हालत में बना रहना चाहिए।

□

प्रेत बाधा के लिए देवदूतों की माँग...

विधि

आराम से बैठ जाएँ।

शिव ज्ञान जागरण रुद्राक्ष गले में धारण कर लें।

इस क्रिया में शिव ज्ञान जागरण रुद्राक्ष अनिवार्य है।

ये रुद्राक्ष साधक के आभामंडल को शिवगुरु के आभामंडल से जोड़कर रखता है। साथ ही साधक के अनाहत चक्र सहित सभी ऊर्जा चक्रों में ऊर्जा नियमित संचरण है, जिससे साधक की कुंडली और ऊर्जा चक्र सक्रिय होते हैं। साधक उच्च शक्तियों से जुड़ने योग्य हो जाता है। यह साधक को मन की गति से दैवी शक्तियों के साथ जोड़ने में सक्षम होता है।

शिवगुरु से सीधे संपर्क के लिए अनाहत चक्र का ठीक होना जरूरी है। अनाहत चक्र मन की गति से साधक की बात भगवान् शिव तक पहुँचाता है। साथ ही उसी गति से उनकी बात साधक तक पहुँचाता है। इसे ऐसा मोबाइल यंत्र सा समझें जो बिना तार के गंतव्य से जोड़ देता है।

रुद्राक्ष से कनेक्टिविटी का आग्रह करें। कहें—"हे सिद्ध रुद्राक्ष मेरी भावनाओं से जुड़कर मेरे लिए सिद्ध बने रहेंगे। मुझे इसी क्षण भगवान् शिव की ऊर्जाओं से जोड़ दें और भगवान् शिव तक मेरी बात पहुँचाने में मेरी सहायता करें।"

भगवान् शिव से देवदूतों की माँग करें, कहें—

"हे देवों के देव और गुरुओं के गुरु मेरे गुरुदेव महादेव! आपको मेरा

प्रणाम है। ब्रह्मांड के प्रति मुझसे जाने-अनजाने हुए सभी अपराधों को क्षमा करके मुझ पर प्रसन्न हों। मेरे मन को शुद्ध और सुखमय शिवाश्रम बनाकर माता महेश्वरी भगवान् गणेशजी सहित सपरिवार इसमें विराजमान हों। मुझे सदैव अपनी शरण में बनाए रखें।"

"हे शिव! आप मेरे गुरु हैं, मैं आपका शिष्य हूँ। मुझ शिष्य पर दया करें। प्रेत बाधा से सुरक्षा हेतु मेरे साथ (किसी अन्य के लिए देवदूतों की सहायता चाहते हैं तो उसका नाम लें) प्रेत बाधा विनाशक शक्तिशाली देवदूतों की नियुक्ति करें। आपका धन्यवाद।" (इन वाक्यों को तीन बार दोहराएँ)

आँखें बंद करके शिव ज्ञान जागरण रुद्राक्ष पर ध्यान केंद्रित करें। रुद्राक्ष से मन-ही-मन कहें, "हे दिव्य रुद्राक्ष! भगवान् शिव द्वारा मेरे लिए नियुक्त देवदूतों के साथ मुझे जोड़ दें। मेरी बात उन तक पहुँचाएँ और मुझे उनकी उपस्थिति का आभास कराएँ।" (इसे तब तक दोहराते रहें, जब तक अपने आसपास किसी अदृश्य एवं सुखद उपस्थिति का आभास न होने लगे।)

कुछ ही क्षणों में आपके भीतर देवदूतों की नियुक्ति की पुष्टि के भाव उत्पन्न हो जाएँगे। साथ ही आपको लगने लगेगा कि कोई अदृश्य शक्ति आपके साथ है। तब कहें, "शिवगुरु द्वारा मेरे आग्रह पर नियुक्त दिव्य देवदूतो, आपको प्रणाम है आप मेरी सहायता करें। आपका धन्यवाद।"

ध्यान रहे, इस क्रिया में शिवगुरु के प्रति आपका अडिग विश्वास ही देवदूतों को मदद के लिए प्रेरित करता है। इस विश्वास की कमी ही प्रार्थना की विफलता का एकमात्र कारण होती है। उनके प्रति विश्वास हर हाल में बना रहना चाहिए।

□

ब्लैक मैजिक के लिए देवदूतों की सहायता

विधि

आराम से बैठ जाएँ।

शिव ज्ञान जागरण रुद्राक्ष गले में धारण कर लें।

इस क्रिया में शिव ज्ञान जागरण रुद्राक्ष अनिवार्य है।

यह रुद्राक्ष साधक के आभामंडल को शिवगुरु के आभामंडल से जोड़कर रखता है। साथ ही साधक के अनाहत चक्र सहित सभी ऊर्जा चक्रों में ऊर्जा नियमित संचरण है, जिससे साधक की कुंडली और ऊर्जा चक्र सक्रिय होते हैं। साधक उच्च शक्तियों से जुड़ने योग्य हो जाता है। यह साधक को मन की गति से दैवी शक्तियों के साथ जोड़ने में सक्षम होता है।

शिवगुरु से सीधे संपर्क के लिए अनाहत चक्र का ठीक होना जरूरी है। अनाहत चक्र मन की गति से साधक की बात भगवान् शिव तक पहुँचाता है। साथ ही उसी गति से उनकी बात सधक तक पहुँचाता है। इसे ऐसा मोबाइल यंत्र-सा समझें, जो बिना तार के गंतव्य से जोड़ देता है।

रुद्राक्ष से कनेक्टिविटी का आग्रह करें। कहें—हे सिद्ध रुद्राक्ष! मेरी भावनाओं से जुड़कर मेरे लिए सिद्ध बने रहेंगे। मुझे इसी क्षण भगवान् शिव की ऊर्जाओं से जोड़ दें और भगवान् शिव तक मेरी बात पहुँचाने में मेरी सहायता करें।

भगवान् शिव से देवदूतों की माँग करें, कहें—

"हे देवों के देव और गुरुओं के गुरु मेरे गुरुदेव महादेव! आपको मेरा

प्रणाम है। ब्रह्मांड के प्रति मुझसे जाने-अनजाने हुए सभी अपराधों को क्षमा करके मुझ पर प्रसन्न हों। मेरे मन को शुद्ध और सुखमय शिवाश्रम बनाकर माता महेश्वरी भगवान् गणेशजी सहित सपरिवार इसमें विराजमान हों। मुझे सदैव अपनी शरण नें बनाए रखें।

"हे शिव! आप मेरे गुरु हैं, मैं आपका शिष्य हूँ। मुझ शिष्य पर दया करें। शत्रु बाधा से सुरक्षा हेतु मेरे साथ (किसी अन्य के लिए देवदूतों की सहायता चाहते हैं तो उसका नाम लें) शत्रु तंत्र विनाशक शक्तिशाली देवदूतों की नियुक्ति करें। आपका धन्यवाद।" (इन वाक्यों को तीन बार दोहराएँ)

आँखें बंद करके शिव ज्ञान जागरण रुद्राक्ष पर ध्यान केंद्रित करें। रुद्राक्ष से मन-ही-मन कहें, "हे दिव्य रुद्राक्ष! भगवान् शिव द्वारा मेरे लिए नियुक्त देवदूतों के साथ मुझे जोड़ दें। मेरी बात उन तक पहुँचाएँ और मुझे उनकी उपस्थिति का आभास कराएँ।" (इसे तब तक दोहराते रहें, जब तक अपने आसपास किसी अदृश्य एवं सुखद उपस्थिति का आभास न होने लगे।)

कुछ ही क्षणों में आपके भीतर देवदूतों की नियुक्ति की पुष्टि के भाव उत्पन्न हो जाएँगे। साथ ही आपको लगने लगेगा कि कोई अदृश्य शक्ति आपके साथ है। तब कहें, "शिवगुरु द्वारा मेरे आग्रह पर नियुक्त दिव्य देवदूतो आपको प्रणाम है। आप मेरी सहायता करें। आपका धन्यवाद।'

ध्यान रहे, इस क्रिया में शिवगुरु के प्रति आपका अडिग विश्वास ही देवदूतों को मदद के लिए प्रेरित करता है। इस विश्वास की कमी ही प्रार्थना की विफलता का एकमात्र कारण होती है। उनके प्रति विश्वास हर हाल में बना रहना चाहिए।

□

देवदूतों ने चोरी हुई बाइक लाकर दी

मैं अपनी बात करूँ तो पहली बार मैंने फरवरी 2004 में शिवगुरु से देवदूतों की नियुक्ति का आग्रह किया।

उस दिन मेरे एक फॉलोवर ने मेरठ से फोन किया। नाम था नितिन। वह सॉफ्टवेयर इंजीनियर था। नोएडा की एक कंपनी में नियुक्त था। नई बाइक खरीदी। घरवालों को दिखाने के लिए खुशी में नितिन बाइक से ही मेरठ चला गया। तब बिना आर.टी.ओ. रजिस्ट्रेशन के गाड़ियाँ शो रूम से मिल जाया करती थीं। लोग बाद में रजिस्ट्रेशन करा लेते थे।

नितिन ने बताया कि वह भी बिना नंबर की बाइक लेकर गया था। घर के पास की मार्केट में बाइक खड़ी करके मिठाई खरीदने लगा। इसी बीच बाइक चोरी हो गई। सारे पेपर बाइक में ही थे। बाइक के पेपर न दिखा पाने के कारण पुलिस ने नितिन की मदद करने से मना कर दिया। उलटे उसे ही पूछताछ के लिए थाने में रोक लिया।

वहीं से नितिन ने मुझे कॉल की थी।

मैंने नितिन की मदद के लिए शिवगुरु से प्रार्थना की। उनसे बाइक का पता लगाने के लिए देवदूतों की नियुक्ति की माँग की।

फिर अपनी नियमित साधना में लग गया। लगभग एक घंटे बाद दोबारा नितिन की कॉल आई। उसने बताया कि बाइक मिल गई। उसके मुताबिक, जहाँ से बाइक चोरी हुई थी, उससे कुछ दूरी पर खड़ी मिली। चाबी बाइक में ही लगी थी। थोड़ी देर पहले तक नितिन और पुलिस ने वहाँ कई बार देखा था।

तब बाइक नहीं थी। लोगों के साथ पुलिस भी अचंभित थी कि बाइक वहाँ कौन लाकर खड़ी कर गया?

नितिन को लगा कि कोई उसकी बाइक ढूँढ़कर वहाँ लाया और खड़ी कर गया है।

इस चमत्कार पर वह खुशी से रो रहा था।

मैंने नितिन से कहा, "शिव मंदिर जाकर मखाने की खीर अर्पित करो। भगवान् शिव से कहना—यह खीर उन देवदूतों के लिए है, जिन्हें मदद के लिए आपने भेजा था।"

□

देवदूतों ने डायमंड रिंग ढूँढ़कर दिए

नितिन वाली घटना के कुछ ही दिनों बाद मुंबई से मेरी एक फॉलोवर की कॉल आई। उसका नाम रिचा था। वह रो रही थी। उसने बताया कि उसकी डायमंड रिंग घर से चोरी हो गई है। कीमत लाखों में थी। उसका पति अँगूठी खोने पर तूफान खड़ा किए हुए था। ऐसा लग रहा था जैसे इस बात पर घर ही टूट जाएगा। पति को आशंका थी कि रिचा ने अँगूठी अपने मायकेवालों को दे दी है; जबकि रिचा को घर की नौकरानी पर शक था।

कॉल आने पर मैंने शिवगुरु से रिचा की सहायता के लिए आग्रह किया। उनसे खोई हुई डायमंड रिंग की तलाश के लिए देवदूतों से नियुक्ति का निवेदन किया।

15 मिनट बाद रिचा के पति की कॉल आ गई। उसने बताया कि रिंग डाइनिंग टेबल के नीचे मिल गई है। वह और रिचा दोनों इस बात पर अचंभित थे कि इससे पहले कम-से-कम एक दर्जन बार डाइनिंग टेबल के नीचे देखा, मगर तब वहाँ अँगूठी नहीं मिली; जबकि इस बार दूर से ही साफ चमकती दिख गई थी।

मैंने रिचा को कहा कि शिव मंदिर जाकर मखाने की खीर अर्पित करे। भगवान् शिव से कहे कि यह खीर उन देवदूतों के लिए है, जिन्हें उसकी मदद के लिए भेजा गया था।

ऐसे ही और भी तमाम मौकों पर शिवगुरु ने आग्रह पर देवदूतों की सहायता पहुँचाई।

□

खोई चीजों के लिए देवदूतों की सहायता

विधि

आराम से बैठ जाएँ।

शिव ज्ञान जागरण रुद्राक्ष गले में धारण कर लें।

इस क्रिया में शिव ज्ञान जागरण रुद्राक्ष अनिवार्य है।

यह रुद्राक्ष साधक के आभामंडल को शिवगुरु के आभामंडल से जोड़कर रखता है। साथ ही साधक के अनाहत चक्र सहित सभी ऊर्जा चक्रों में ऊर्जा नियमित संचरण है, जिससे साधक की कुंडली और ऊर्जा चक्र सक्रिय होते हैं। साधक उच्च शक्तियों से जुड़ने योग्य हो जाता है। यह साधक को मन की गति से दैवी शक्तियों के साथ जोड़ने में सक्षम होता है।

शिवगुरु से सीधे संपर्क के लिए अनाहत चक्र का ठीक होना जरूरी है। अनाहत चक्र मन की गति से साधक की बात भगवान् शिव तक पहुँचाता है। साथ ही उसी गति से उनकी बात साधक तक पहुँचाता है। इसे ऐसा मोबाइल यंत्र-सा समझें, जो बिना तार के गंतव्य से जोड़ देता है।

रुद्राक्ष से कनेक्टिविटी का आग्रह करें। कहें, "हे सिद्ध रुद्राक्ष! मेरी भावनाओं से जुड़कर मेरे लिए सिद्ध बने रहेंगे। मुझे इसी क्षण भगवान् शिव की ऊर्जाओं से जोड़ दें और भगवान् शिव तक मेरी बात पहुँचाने में मेरी सहायता करें।"

भगवान् शिव से देवदूतों की माँग करें, कहें—

"हे देवों के देव और गुरुओं के गुरु मेरे गुरुदेव महादेव! आपको मेरा

प्रणाम है। ब्रह्मांड के प्रति मुझसे जाने-अनजाने हुए सभी अपराधों को क्षमा करके मुझ पर प्रसन्न हों। मेरे मन को शुद्ध और सुखमय शिवाश्रम बनाकर माता महेश्वरी भगवान् गणेशजी सहित सपरिवार इसमें विराजमान हों। मुझे सदैव अपनी शरण में बनाए रखें।

"हे शिव! आप मेरे गुरु हैं, मैं आपका शिष्य हूँ। मुझ शिष्य पर दया करें। खोई वस्तु (वस्तु का नाम···) की तलाश हेतु मेरी सहायता में (किसी अन्य के लिए देवदूतों की सहायता चाहते हैं तो उसका नाम लें) उदार देवदूतों की नियुक्ति करें। आपका धन्यवाद।" (इन वाक्यों को तीन बार दोहराएँ।)

आँखें बंद करके शिव ज्ञान जागरण रुद्राक्ष पर ध्यान केंद्रित करें। रुद्राक्ष से मन-ही-मन कहें, "हे दिव्य रुद्राक्ष! भगवान् शिव द्वारा मेरे लिए नियुक्त देवदूतों के साथ मुझे जोड़ दें। मेरी बात उन तक पहुँचाएँ और मुझे उनकी उपस्थिति का आभास कराएँ।" (इसे तब तक दोहराते रहें, जब तक अपने आसपास किसी अदृश्य एवं सुखद उपस्थिति का आभास न होने लगे।)

कुछ ही क्षणों में आपके भीतर देवदूतों की नियुक्ति की पुष्टि के भाव उत्पन्न हो जाएँगे। साथ ही आपको लगने लगेगा कि कोई अदृश्य शक्ति आपके साथ है। तब कहें, "शिवगुरु द्वारा मेरे आग्रह पर नियुक्त दिव्य देवदूतो आपको प्रणाम है। आप मेरी सहायता करें। आपका धन्यवाद।"

ध्यान रहे, इस क्रिया में शिवगुरु के प्रति आपका अडिग विश्वास ही देवदूतों को मदद के लिए प्रेरित करता है। इस विश्वास की कमी ही प्रार्थना की विफलता का एकमात्र कारण होती है। उनके प्रति विश्वास हर हाल में बना रहना चाहिए।

□

मुसीबत के समय देवदूतों की माँग

शिव ज्ञान जागरण रुद्राक्ष गले में धारण करके आराम से बैठ जाएँ। इस क्रिया में शिव ज्ञान जागरण रुद्राक्ष अनिवार्य है।

यह रुद्राक्ष साधक के आभामंडल को शिवगुरु के आभामंडल से जोड़कर रखता है। साथ ही साधक के अनाहत चक्र सहित सभी ऊर्जा चक्रों को नियमित रूप से उपचारित करता रहता है।

शिवगुरु से सीधे संपर्क के लिए अनाहत चक्र का ठीक होना जरूरी है। अनाहत चक्र मन की गति से साधक की बात भगवान् शिव तक पहुँचाता है। साथ ही उसी गति से उनकी बात साधक तक पहुँचाता है। इसे ऐसा मोबाइल यंत्र-सा समझें, जो बिना तार के गंतव्य से जोड़ देता है।

रुद्राक्ष से कनेक्टिविटी का आग्रह करें। कहें— "हे सिद्ध रुद्राक्ष! मेरी भावनाओं से जुड़कर मेरे लिए सिद्ध बने रहेंगे। मुझे इसी क्षण भगवान् शिव की ऊर्जाओं से जोड़ दें और भगवान् शिव तक मेरी बात पहुँचाने में मेरी सहायता करें।"

भगवान् शिव से देवदूतों की माँग करें, कहें—

"हे देवों के देव और गुरुओं के गुरु मेरे गुरुदेव महादेव! आपको मेरा प्रणाम है। ब्रह्मांड के प्रति मुझसे जाने-अनजाने हुए सभी अपराधों को क्षमा करके मुझ पर प्रसन्न हों। मेरे मन को शुद्ध और सुखमय शिवाश्रम बनाकर माता महेश्वरी भगवान् गणेशजी सहित सपरिवार इसमें विराजमान हों। मुझे और मेरे परिवार जनों को अपनी शरण में बनाए रखें।

"हे शिव! आप मेरे गुरु हैं मैं, आपका शिष्य हूँ। मुझ शिष्य पर दया करें।

मैं इस समय आकस्मिक मुसीबत में फँस गया हूँ। इससे बचाने के लिए मेरे साथ देवदूतों की नियुक्ति करें। आपका धन्यवाद।"

(इसे तीन बार दोहराएँ)

आँखें बंद करके शिव ज्ञान जागरण रुद्राक्ष पर ध्यान केंद्रित करें। रुद्राक्ष से मन-ही-मन कहें, "हे दिव्य रुद्राक्ष भगवान् शिव द्वारा मेरे लिए नियुक्त देवदूतों के साथ मुझे जोड़ दें। मेरी बात उन तक पहुँचाएँ और मुझे उनकी उपस्थिति का आभास कराएँ।" (इसे तब तक दोहराते रहें, जब तक अपने आसपास किसी अदृश्य एवं सुखद उपस्थिति का आभास न होने लगे।)

कुछ ही क्षणों में आपके भीतर देवदूतों की नियुक्ति की पुष्टि के भाव उत्पन्न हो जाएँगे। साथ ही आपको लगने लगेगा कि कोई अदृश्य शक्ति आपके साथ है।

ध्यान रहे, इस क्रिया में शिवगुरु के प्रति आपका अडिग विश्वास ही देवदूतों को मदद के लिए प्रेरित करता है। इस विश्वास की कमी ही प्रार्थना की विफलता का एकमात्र कारण होती है। उनके प्रति विश्वास हर हाल में बना रहना चाहिए।

इसी तरह आकस्मिक कार्यों को पूरा कराने के लिए भी देवदूतों की माँग कर सकते हैं। अपने अलावा शिव शिष्य दूसरे लोगों के लिए भी देवदूतों की नियुक्ति की माँग कर सकते हैं। शिवगुरु उचित कार्यों के लिए की गई इस माँग को सदैव स्वीकार करते हैं।

□

बीमारी में देवदूतों की माँग

शिव ज्ञान जागरण रुद्राक्ष गले में धारण करके आराम से बैठ जाएँ। रुद्राक्ष से कनेक्टिविटी का आग्रह करें, कहें—

"हे सिद्ध रुद्राक्ष! मेरी भावनाओं से जुड़कर मेरे लिए सिद्ध बने रहेंगे। मुझे इसी क्षण भगवान् शिव की ऊर्जाओं से जोड़ दें और भगवान् शिव तक मेरी बात पहुँचाने में मेरी सहायता करें।"

भगवान् शिव से कहें—

हे देवों के देव और गुरुओं के गुरु मेरे गुरुदेव महादेव! आपको मेरा प्रणाम है। ब्रह्मांड के प्रति मुझसे जाने-अनजाने हुए सभी अपराधों को क्षमा करके मुझ पर प्रसन्न हों। मेरे मन को शुद्ध और सुखमय शिवाश्रम बनाकर माता महेश्वरी भगवान् गणेशजी सहित सपरिवार इसमें विराजमान हों। मुझे और मेरे परिवार जनों को अपनी शरण में बनाए रखें।

"हे शिव! आप मेरे गुरु हैं, मैं आपका शिष्य हूँ। मुझ शिष्य पर दया करें। मैं इस समय बीमारी से ग्रसित हूँ। मुझे उपचारित करके स्वस्थ व सुरक्षित करने हेतु मेरे साथ देवदूतों की नियुक्ति करें। आपका धन्यवाद।"

(इसे तीन बार दोहराएँ।)

देवदूतों से सहायता का आग्रह करें, कहें—

"मेरे गुरुदेव देवाधिदेव महादेव द्वारा नियुक्त दिव्य देवदूतो आपको मेरा प्रणाम है। मेरी सहायता करें। उपचारित करके मुझे सुरक्षित करें, स्वस्थ करें।

आँखें बंद करके शिव ज्ञान जागरण रुद्राक्ष पर ध्यान केंद्रित करें। रुद्राक्ष से मन-ही-मन कहें, "हे दिव्य रुद्राक्ष! भगवान् शिव द्वारा मेरे लिए नियुक्त देवदूतों

के साथ मुझे जोड़ दें। मेरी बात उन तक पहुँचाएँ और मुझे उनकी उपस्थिति का आभास कराएँ।" (इसे तब तक दोहराते रहें, जब तक अपने आसपास किसी अदृश्य एवं सुखद उपस्थिति का आभास न होने लगे।)

कुछ ही क्षणों में आपके भीतर देवदूतों की नियुक्ति की पुष्टि के भाव उत्पन्न हो जाएँगे। साथ ही आपको लगने लगेगा कि कोई अदृश्य शक्ति आपके साथ है।

□

दूसरों के लिए देवदूतों की सहायता

(उदाहरण : भाई के लिए सहायता)

शिव ज्ञान जागरण रुद्राक्ष गले में धारण करके आराम से बैठ जाएँ।

रुद्राक्ष से कनेक्टिविटी का आग्रह करें, कहें—

"हे सिद्ध रुद्राक्ष! मेरी भावनाओं से जुड़कर मेरे लिए सिद्ध बने रहेंगे। मुझे इसी क्षण भगवान् शिव की ऊर्जाओं से जोड़ दें और भगवान् शिव तक मेरी बात पहुँचाने में मेरी सहायता करें।"

भगवान् शिव से कहें—

"हे देवों के देव और गुरुओं के गुरु मेरे गुरुदेव महादेव! आपको मेरा प्रणाम है। ब्रह्मांड के प्रति मुझसे जाने-अनजाने हुए सभी अपराधों को क्षमा करके मुझ पर प्रसन्न हों। मेरे मन को शुद्ध और सुखमय शिवाश्रम बनाकर माता महेश्वरी भगवान् गणेशजी सहित सपरिवार इसमें विराजमान हों। मुझे और मेरे परिवार जनों को अपनी शरण में बनाए रखें।

"हे शिव! आप मेरे गुरु हैं, मैं आपका शिष्य हूँ। मुझ शिष्य पर दया करें। मेरा भाई (नाम लें…) बीमारी से ग्रस्त है। उसे उपचारित करके स्वस्थ व सुरक्षित करने हेतु मेरे साथ देवदूतों की नियुक्ति करें। आपका धन्यवाद।"

(इसे तीन बार दोहराएँ)

देवदूतों से सहायता का आग्रह करें, कहें…

"मेरे गुरुदेव देवाधिदेव महादेव द्वारा नियुक्त दिव्य देवदूतो आपको मेरा प्रणाम है। मेरे भाई (नाम लें…) की सहायता करें। उसे उपचारित करके सुरक्षित करें, स्वस्थ करें।"

आँखें बंद करके शिव ज्ञान जागरण रुद्राक्ष पर ध्यान केंद्रित करें। रुद्राक्ष से मन-ही-मन कहें, "हे दिव्य रुद्राक्ष! भगवान् शिव द्वारा मेरे लिए नियुक्त देवदूतों के साथ मुझे जोड़ दें। मेरी बात उन तक पहुँचाएँ और मुझे उनकी उपस्थिति का आभास कराएँ।" (इसे तब तक दोहराते रहें, जब तक अपने आसपास किसी अदृश्य एवं सुखद उपस्थिति का आभास न होने लगे।)

कुछ ही क्षणों में आपके भीतर देवदूतों की नियुक्ति की पुष्टि के भाव उत्पन्न हो जाएँगे। साथ ही आपको लगने लगेगा कि कोई अदृश्य शक्ति आपके साथ है।

□

परीक्षा में देवदूतों की सहायता

(उदाहरण : अपने बच्चे के लिए)

शिव ज्ञान जागरण रुद्राक्ष गले में धारण करके आराम से बैठ जाएँ।

रुद्राक्ष से कनेक्टिविटी का आग्रह करें, कहें—

"हे सिद्ध रुद्राक्ष! मेरी भावनाओं से जुड़कर मेरे लिए सिद्ध बने रहेंगे। मुझे इसी क्षण भगवान् शिव की ऊर्जाओं से जोड़ दें और भगवान् शिव मेरी बात पहुँचाने में मेरी सहायता करें।"

भगवान् शिव से कहें—

"हे देवों के देव और गुरुओं के गुरु मेरे गुरुदेव महादेव! आपको मेरा प्रणाम है। ब्रह्मांड के प्रति मुझसे जाने-अनजाने हुए सभी अपराधों को क्षमा करके मुझ पर प्रसन्न हों। मेरे मन को शुद्ध और सुखमय शिवाश्रम बनाकर माता महेश्वरी भगवान् गणेशजी सहित सपरिवार इसमें विराजमान हों। मुझे और मेरे परिवार जनों को अपनी शरण में बनाए रखें।

"हे शिव! आप मेरे गुरु हैं, मैं आपका शिष्य हूँ। मुझ शिष्य पर दया करें। मेरा बच्चा (नाम लें…) परीक्षा (परीक्षा का नाम लें…) हेतु गया है। उसकी परीक्षा सर्वोत्तम हो, इस हेतु आप उसे देवदूतों की सहायता प्रदान करें। उसके साथ विद्वान् देवदूतों की नियुक्ति करें, जो परीक्षा में उसे सहायता करें, उसके आत्मबल को बढ़ाएँ, उसकी याददाश्त को बढ़ाएँ।

आपका धन्यवाद।"

(इसे तीन बार दोहराएँ)

देवदूतों से सहायता का आग्रह करें, कहें—

मेरे गुरुदेव देवाधिदेव महादेव द्वारा नियुक्त दिव्य देवदूतो आपको मेरा प्रणाम है। मेरे बच्चे (नाम लें¨) की सहायता के लिए उसके पास जाएँ। उसने जो पढ़ा है, वह सब उसे याद आ जाए और उसे अच्छी तरह से लिख सके, इस हेतु आप उसकी सहायता करें।

"उसके आत्मबल को बढ़ाएँ। उसका मन खुश करें। आपका धन्यवाद है।"

आँखें बंद करके शिव ज्ञान जागरण रुद्राक्ष पर ध्यान केंद्रित करें। रुद्राक्ष से मन-ही-मन कहें, 'हे दिव्य रुद्राक्ष! भगवान् शिव द्वारा मेरे लिए नियुक्त देवदूतों के साथ मुझे जोड़ दें। मेरी बात उन तक पहुँचाएँ और मुझे उनकी उपस्थिति का आभास कराएँ।" (इसे तब तक दोहराते रहें, जब तक अपने आसपास किसी अदृश्य एवं सुखद उपस्थिति का आभास न होने लगे।)

कुछ ही क्षणों में आपके भीतर देवदूतों की नियुक्ति की पुष्टि के भाव उत्पन्न हो जाएँगे। साथ ही आपको लगने लगेगा कि कोई अदृश्य शक्ति आपके साथ है।

□

एक साथ कई लोगों के लिए देवदूतों की सहायता

शिव ज्ञान जागरण रुद्राक्ष गले में धारण करके आराम से बैठ जाएँ। रुद्राक्ष से कनेक्टिविटी का आग्रह करें, कहें—

"हे सिद्ध रुद्राक्ष! मेरी भावनाओं से जुड़कर मेरे लिए सिद्ध बने रहेंगे। मुझे इसी क्षण भगवान् शिव की ऊर्जाओं से जोड़ दें और भगवान् शिव तक मेरी बात पहुँचाने में मेरी सहायता करें।"

भगवान् शिव से कहें—

"हे देवों के देव और गुरुओं के गुरु मेरे गुरुदेव महादेव! आपको मेरा प्रणाम है। ब्रह्मांड के प्रति मुझसे जाने-अनजाने हुए सभी अपराधों को क्षमा करके मुझ पर प्रसन्न हों। मेरे मन को शुद्ध और सुखमय शिवाश्रम बनाकर माता महेश्वरी भगवान् गणेशजी सहित सपरिवार इसमें विराजमान हों। मुझे और मेरे परिवार जनों को अपनी शरण में बनाए रखें।"

जिनके लिए सहायता माँग रहे हैं, उनके नाम लेकर कहें— "हे शिव, आप मेरे गुरु हैं, मैं आपका शिष्य हूँ। मुझ शिष्य पर दया करें। इन सबकी सहायता हेतु देवदूतों की नियुक्ति करें। उन्हें स्वस्थ सुखी और सुरक्षित करें। आपका धन्यवाद है। "

(इसे तीन बार दोहराएँ)

देवदूतों से सहायता का आग्रह करें, कहें—

"मेरे गुरुदेव देवाधिदेव महादेव द्वारा नियुक्त दिव्य देवदूतो, आपको मेरा

प्रणाम है। आप इन सभी लोगों की सहायता करें। उन्हें आकस्मिक परिस्थितियों से निकालकर सुरक्षित करें। उन्हें उपचारित करके स्वस्थ करें। आपका धन्यवाद है।"

आँखें बंद करके शिव ज्ञान जागरण रुद्राक्ष पर ध्यान केंद्रित करें। रुद्राक्ष से मन-ही-मन कहें, "हे दिव्य रुद्राक्ष! भगवान् शिव द्वारा मेरे लिए नियुक्त देवदूतों के साथ मुझे जोड़ दें। मेरी बात उन तक पहुँचाएँ और मुझे उनकी उपस्थिति का आभास कराएँ।" (इसे तब तक दोहराते रहें, जब तक अपने आसपास किसी अदृश्य एवं सुखद उपस्थिति का आभास न होने लगे।)

कुछ ही क्षणों में आपके भीतर देवदूतों की नियुक्ति की पुष्टि के भाव उत्पन्न हो जाएँगे। साथ ही आपको लगने लगेगा कि कोई अदृश्य शक्ति आपके साथ है।

□

शिव सान्निध्य में समस्या-मुक्ति-उपाय

विधि

1. भगवान् शिव को साक्षी बनाएँ।

समस्या-मुक्ति के लिए जब भी कोई उपाय अपनाएँ, तब भगवान् शिव को साक्षी अवश्य बना लें। इससे ब्रह्मांड की सभी ऊर्जाएँ उपाय में अपनी भागीदारी सुनिश्चित रूप से निभाती हैं।

भगवान् शिव से दैवी सहायता और सुरक्षा का आग्रह करें। कहें—

"हे मेरे गुरुदेव देवाधिदेव महादेव! आपको मेरा प्रणाम है। ब्रह्मांड के प्रति मुझसे जाने-अनजाने हुए सभी अपराधों के लिए मुझे क्षमा करें। मुझ पर प्रसन्न हों। माता महेश्वरी भगवान् गणेशजी सहित सपरिवार मेरे मन-मंदिर में विराजमान हों। आपको साक्षी बनाकर मैं समस्या-विमोचन उपाय कर रहा हूँ। इसकी सफलता हेतु मुझे दैवी सहायता, सुरक्षा और मार्गदर्शन प्रदान करें। आपका धन्यवाद है।"

2. ब्रह्मांडीय ऊर्जा से उपाय की सफलता हेतु आग्रह करें। कहें—

"हे दिव्य दैवी ऊर्जा, आपको मेरा प्रणाम है। मैं अपने गुरुदेव भगवान् शिव को साक्षी बनाकर समस्या-निवारण उपाय कर रहा हूँ। आप उपाय के संयोग से मेरे तन-मन-मस्तिष्क, आभामंडल, ऊर्जा चक्र, रोम-रोम को उपचारित करें। मुझे समस्त प्रकार की नकारात्मकता से मुक्त करके संपूर्ण सकारात्मकता से परिपूर्ण करें। इस हेतु उपाय के दौरान मुझ पर लगातार शक्तिपात करें। आपका धन्यवाद है।"

3. अपने ऊर्जा शरीर से आग्रह करें। कहें—

"मेरे तन-मन-मस्तिष्क, आभामंडल, ऊर्जा चक्र, रोम-रोम आपको मेरा प्रणाम है। आप सब मेरे द्वारा किए जा रहे उपाय में अपनी सक्रियता निभाएँ। अपने भीतर मौजूद ग्रहों के दुष्प्रभाव, वास्तु के दुष्प्रभाव, तंत्र के दुष्प्रभाव, बाधाओं के दुष्प्रभाव, बीमारियों के दुष्प्रभाव, पितृ बाधाओं के दुष्प्रभाव, देव बाधाओं के दुष्प्रभाव, शत्रु के दुष्प्रभाव सहित समस्त प्रकार की नकारात्मकता का निष्कासन करें। खुद को स्वच्छ और सक्रिय बनाएँ। मुझे तन से, मन से, धन से स्वस्थ, सुखी और सुरक्षित करें। आपका धन्यवाद है।"

4. उपाय में उपयोग की रही वस्तु, मंत्र आदि से आग्रह करें, कहें—

"हे दिव्य उपचारक वस्तु (वस्तु का नाम लें¨), आपको मेरा प्रणाम है। मैं भगवान् शिव को साक्षी बनाकर अपने हित के लिए उपाय-स्वरूप उपयोग कर रहा हूँ। आप मेरी भावनाओं से जुड़कर मेरे लिए सिद्ध हो जाएँ। मेरे उपाय को फलित करें। मेरे ऊर्जा शरीर को उपचारित करें। मुझे स्वस्थ, सुखी और सुरक्षित बनाएँ। आपका धन्यवाद है।"

5. यदि उपाय में किसी मंत्र का उपयोग कर रहे हैं तो उससे आग्रह करें, कहें—

"हे दिव्य उपचारक मंत्र (यदि किसी मंत्र का उपयोग कर रहे हैं तो मंत्र को एक बार बोलें¨फिर कहें)! आपको मेरा प्रणाम है। आप मेरी भावनाओं के साथ जुड़कर सिद्ध हो जाएँ। भगवान् शिव को साक्षी बनाकर मैं उपाय के रूप में आपका जप कर रहा हूँ। मेरे उपाय को फलित करें। मेरे ऊर्जा शरीर को उर्जित करें। मेरे मन को, मेरे जीवन को उपचारित करें। मुझे देव-कृपा प्रदान करें। आपका धन्यवाद है।"

6. उपाय में किसी देवी-देवता का उपयोग हो रहा है तो उनसे आग्रह करें, कहें—

"हे दैवी शक्तियों के ऊर्जा स्रोत देव! आपको मेरा प्रणाम है। मैं भगवान् शिव को साक्षी बनाकर उपाय-स्वरूप आपकी शक्तियों का उपयोग कर रहा हूँ। आप मेरे निवेदन को स्वीकार करें, साकार करें। मेरे उपाय को फलित करें। मेरे जीवन में सुख, शांति, समृद्धि और सुरक्षा स्थापित करें। आपका धन्यवाद है।"

7. उपाय में किसी स्थान विशेष का उपयोग बताया गया है तो उस स्थान से आग्रह करें, कहें—

"हे दिव्य स्थान! आपको मेरे प्रणाम है। मैं भगवान् शिव को साक्षी बनाकर आपका उपयोग समस्या-मोचन उपाय में कर रहा हूँ। आप मेरी भावनाओं के साथ जुड़कर मेरे अनुकूल हो जाएँ। मेरे उपाय को फलित करें। मेरे ऊर्जा शरीर को उपचारित करें। आपका धन्यवाद है।"

8. उपाय में यदि किसी नदी या जलाशय का उपयोग बताया गया है तो उससे आग्रह करें, कहें—

"हे दिव्य नदी (नदी का नाम लें या तालाब, झील, जलाशय हो तो उसका नाम लेकर कहें…)! आपको मेरा प्रणाम है। मैं भगवान् शिव को साक्षी बनाकर आपके द्वारा समस्या-समाधान के उपाय संपन्न कर रहा हूँ। आप मेरी भावनाओं के साथ जुड़कर मेरे अनुकूल हो जाएँ। मेरे तन-मन-मस्तिष्क, आभामंडल, ऊर्जा चक्रों, रोम-रोम की सफाई करें। वहाँ व्याप्त सभी तरह की नकारात्मक ऊर्जाओं को अपने भीतर शोषित कर लें। मुझे स्वच्छ और पवित्र करें, समस्या-मुक्त करें। आपका धन्यवाद है।"

9. यदि उपाय के दौरान कोई वस्तु जमीन में दबा रहे हैं तो धरती माँ से आग्रह करें, कहें—

"हे धरती माँ! आपको मेरा प्रणाम है। भगवान् शिव को साक्षी बनाकर मैं समस्या समाधान उपाय कर रहा हूँ। उपाय-स्वरूप मैं उपचारक वस्तु (वस्तु का नाम लें…) को आपके भीतर दबा रहा हूँ। इस वस्तु के साथ आप मेरे ऊर्जा शरीर में फैली समस्या उत्पन्न करनेवाली नकारात्मकता को सीख लें। उन्हे पाताल अग्नि में लेकर जाकर भस्म कर दें। मुझे समस्त प्रकार की नकारात्मकता और दुःखों से मुक्त करें। आपका धन्यवाद है।"

□

किसी के पूजा-पाठ और उपाय क्यों फलित नहीं होते?

पूरी श्रद्धा, पूरा विश्वास, पूरी लगन।

फिर भी तमाम लोगों के पूजा-पाठ और उपाय फलित नहीं होते। इसका कारण जानने के लिए हमें पूजा-पाठ और उपायों के विज्ञान को जानना होगा।

सभी धर्मों के पूजा-पाठ और उपाय सुखी जीवन का सरल विज्ञान हैं।

मगर लंबे अरसे से उनका उपयोग विज्ञान के रूप में नहीं किया जा रहा। लोगों ने इन्हें अपनी सुविधा के मुताबिक तोड़-मरोड़ डाला।

यही कारण है कि तमाम तरह के पूजा-विधान, उपाय आदि कालांतर में किस्से कहानियों से जुड़कर रूढ़ियों के शिकार हो गए।

उदाहरण के लिए, हम ग्रहों के उपाय की बात करें।

किसी व्यक्ति को शनि ग्रह से नुकसान हो रहा है। इसका मतलब है कि उसके मूलाधार चक्र और आज्ञा चक्र में स्मोकी या नीली ऊर्जा की मिलावट होना। इस कारण व्यक्ति आलस्य, आत्मबल की कमी, दुर्घटनाओं, भय, धनाभाव, बेरोजगारी, गलत फैसले, अपयश, गुस्से और तनाव का शिकार होगा। मूलाधार चक्र और आज्ञा चक्र से जुड़ी बीमारियों का प्रभाव भी होगा।

किसी विद्वान् से उस व्यक्ति की माँ ने उपाय पूछे तो उसने बताया कि रोटी में सरसों का तेल लगाकर गाय को खिला दें।

रोटी में सरसों का तेल लगाकर गाय को खिलाने से आभामंडल, मूलाधार चक्र, मणिपूर चक्र, आज्ञा चक्र में फैली दूषित ऊर्जाएँ निकलकर गाय के पेट

में चली जाती हैं। प्राकृतिक रूप से गाय की संरचना इतनी शानदार है कि पेट में गई नकारात्मक ऊर्जाएँ उनके पैरों के नाखून के जरिए धरती में गहराई तक भेज दी जाती हैं। वे ऊर्जाएँ पाताल अग्नि में जाकर जल जाती हैं और प्रभावित व्यक्ति तक वापस नहीं लौट पातीं। अब शुरू होती है उपाय में गड़बड़ी।"

प्रभावित व्यक्ति की माँ ने विद्वान् से कहा कि उसका बेटा उसका बताया उपाय नहीं करेगा। तो क्या मैं उपाय कर दूँ? विद्वान् उपाय के विज्ञान से अंजान था। उसने कहा कि 'हाँ' कर दो, तुम माँ हो, तुम्हारा किया उपाय बेटे को लग जाएगा।

माँ ने गाय को रोटी में सरसों का तेल लगाकर खिला दिया। मगर उसके बेटे को कोई फायदा नहीं हुआ, क्योंकि गाय को तेल लगी रोटी खिलाने से माँ के आभामंडल और चक्रों की सफाई हुई, न कि बेटे की।

इसे ऐसे समझें कि बीमार बेटा था, मगर दवा उसकी माँ ने खा ली।

ऐसे ही उपाय, मंत्र जप, यज्ञ, पूजा-पाठ आदि निर्धारित नियमों को तोड़-मरोड़कर किए जाते हैं तो फलित नहीं होते।

□

समस्या-विमोचन का विज्ञान

जगद् गुरु भगवान् शिव द्वारा निर्धारित घरेलू उपाय समस्या-विमोचन का सटीक विज्ञान हैं। लोगों को पीड़ा-मुक्त करने के लिए भगवान् शिव और उनकी प्रेरणा से समय-समय पर ऋषियों ने अनुसंधान किए, जिसके परिणाम-स्वरूप घरेलू उपायों की खोज हुई।

उन्होंने अपने शोध में लोगों के निरोगी रहने, सुखी रहने, संपन्न रहने और सुरक्षित रहने की सरल तकनीक ढूँढ़ी। योग, आयुर्वेद, मंत्र, साधनाएँ, घरेलू उपाय आदि इस विज्ञान के अंग हैं।

युगों से लोग इनका लाभ उठाते आए हैं।

मगर आजकल घरेलू उपायों का प्रभाव विलुप्त-सा हो रहा है।

ज्योतिष, वास्तु, तंत्र, टोना-टोटके सहित घरेलू उपाय अपनानेवालों की संख्या अनगिनत है।

मगर अब ज्यादातर उपाय निष्फल जा रहे हैं, क्योंकि भगवान् शिव और ऋषि-मुनियों द्वारा बनाए उपायों के विज्ञान को भुला दिया गया। उन्हें अपनी सुविधानुसार तोड़-मरोड़कर अपनाया जा रहा है।

□

घरेलू उपायों का विज्ञान

घरेलू उपायों से लोगों के आभामंडल और ऊर्जा चक्रों को उपचारित किया जाता है। इनसे न सिर्फ आभामंडल की हानि होती है, बल्कि एनर्जाइज भी हो जाते हैं। कई घरेलू उपायों से आभामंडल व ऊर्जा चक्रों को सक्षम सुरक्षा भी प्राप्त होती है।

सभी जानते हैं कि जिस व्यक्ति का आभामंडल साफ और ऊर्जित होता है, उसकी जीवनशैली शानदार होती है। उसे बीमारियाँ, समस्याएँ, अभाव परेशान नहीं कर पाते।

जीवन ऊर्जा और पंच तत्त्वों को उपचारित करने के लिए घरेलू उपायों से अधिक सरल और व्यापक कुछ भी नहीं है।

विधिपूर्वक अपनाया जाए तो यह अचूक विज्ञान है।

घरेलू उपाय का मतलब है, बिना बाहरी सहायता के समस्या-मुक्ति पा लेना। हर देश-काल में ये रोज-मर्रा के जीवन का अंग रहे हैं।

सदियों से लोगों को इनका लाभ मिला है।

□

समस्याओं की जड़ ऊर्जा शरीर में

कर्ज-मर्ज-कलह सहित सभी तरह की समस्याएँ पैदा ही आभामंडल की खराबी से होती हैं। आभामंडल को 'ऊर्जा शरीर' या 'सूक्ष्म शरीर' कहा जाता है। विज्ञान इसे इथरिक बॉडी कहता है।

सरल भाषा में समझें तो देवी-देवताओं के चित्र को याद करिए। सभी देवों के सिर के चारों तरफ प्रकाश का गोला दिखाया जाता है। ये उनका आभामंडल है। कुछ लोग इसे 'प्रभामंडल' कहते हैं बालों का आभामंडल बहुत सघन होता है, इसलिए इसे देवों के सिर के आसपास दिखाते हैं। वैसे पूरे शरीर के आसपास होता है।

देवी-देवताओं की तरह ही सभी प्राणियों का आभामंडल होता है। जिस तरह शरीर में हाथ, पैर, नाक, कान, मुँह आदि अंग होते हैं, उसी तरह ऊर्जा शरीर आभामंडल के अंग ऊर्जा चक्र होते हैं। वैसे तो सामान्य तौर पर लोग मूलाधार, स्वाधिष्ठान, मणिपूर, अनाहत, विशुद्धि, अजना और सहस्रार चक्रों की ही चर्चा करते हैं; मगर शरीर के रोम-रोम में ऊर्जा चक्र होते हैं। उनका काम है ब्रह्मांड से सकारात्मक ऊर्जाओं को लेना, उनसे जीवन को सुखमय बनाना और शरीर द्वारा इस्तेमाल कर ली गई अवशेष ऊर्जाओं को बाहर निकाल देना। इसके लिए वे क्रमशः क्लाक वाइज और एंटी क्लाक वाइज घूमते रहते हैं।

जब चक्र घूमने बंद हो जाते हैं तो वे बाहर से प्राण ऊर्जा को ग्रहण नहीं कर पाते।

इस स्थिति को मृत्यु के नाम से जाना जाता है। लोग कहते हैं प्राण निकल गए। वास्तव में प्राण निकल नहीं जाते, बल्कि ऊर्जा चक्र उन्हें ग्रहण करना बंद

कर देते हैं। तब शरीर निष्क्रिय हो जाता है।

पूर्व काल में भगवान् शिव ने थम गए चक्रों को पुनः सक्रिय करके उनसे प्राण ऊर्जा को ग्रहण कराने की विद्या बनाई थी, जिसे संजीवनी विद्या के नाम से जाना गया।

शुक्राचार्य इसी विद्या का उपयोग करके मरे हुओं को जिंदा कर देते थे।

यह एक अलग और बड़ा विषय है। इस पर हम अलग पुस्तक में विस्तार से चर्चा करेंगे।

यहाँ आभामंडल और ऊर्जा चक्रों की प्रारंभिक जानकारी देने का मेरा उद्देश्य था कि लोग जीवन की समस्याओं और उनको जड़ से खत्म करने का विज्ञान समझ पाएँ।

आभामंडल में पंचतत्त्वों की रंगीन ऊर्जाएँ होती हैं। ग्रहों की रंगीन ऊर्जाएँ भी इस पर सीधा प्रभाव डालती हैं। रंगीन ऊर्जाओं से ही इसका पोषण होता है। यह स्थूल शरीर और जीवन का पोषण करता है।

इसके खराब होने पर जीवन समस्याओं से भर जाता है। रंगीन ऊर्जाओं में मिलावट, कमी, अधिकता से आभामंडल असंतुलित, गंदा बीमार हो जाता है। इसी से तन की, मन की, धन की समस्याएँ उत्पन्न होती हैं।

□

घरेलू उपायों का सिद्धांत

किसी भी समस्या का सिर्फ एक ही कारण होता है। वह है—व्यक्ति के आभामंडल और ऊर्जा चक्रों में गड़बड़ी। ऊर्जा चक्रों में गड़बड़ी के असंख्य कारण हो सकते हैं। ग्रहों के दुष्प्रभाव, वास्तु के दुष्प्रभाव, तंत्र के दुष्प्रभाव, बाधाओं के दुष्प्रभाव, पूर्वजन्मों के दुष्प्रभाव, पितृबाधाओं के दुष्प्रभाव, देवबाधाओं के दुष्प्रभाव, अपनी गलतियों के दुष्प्रभाव सहित अनगिनत कारण।

सभी कारण को ठीक करने की बजाय सीधे अपनी जीवन शक्ति और उसके अंग आभामंडल, ऊर्जा चक्रों को ठीक किया जाए। यही घरेलू उपायों का सिद्धांत है। सफाई करने से आभामंडल और ऊर्जा चक्र तेजी से उपचारित हो जाते हैं। वे ठीक से काम करने लगते हैं।

विभिन्न कारणों से ऊर्जा चक्रों पर इधर-उधर से आई नकारात्मक ऊर्जाओं का मकड़जाल-सा बन जाता है या उनमें नकारात्मक ऊर्जाओं की मिलावट हो जाती है। तब चक्र शिथिल होने लगते हैं। वे ठीक से काम नहीं कर पाते। ऐसे में प्रभावित व्यक्ति की क्षमताएँ नष्ट होने लगती हैं। वे अभाव और तनाव से घिर जाते हैं, बीमारियाँ हावी होने लगती हैं, अपमान और निराश का सामना करना पड़ता है।

जो ऊर्जाएँ जीवन चलाती हैं, वही उलटे प्रभाव देने लगती हैं। लोगों पर मुसीबतों के पहाड़-से टूट पड़ते हैं। इसे लोग खराब समय की देन करार देते हैं।

लगभग सभी घरेलू उपाय और टोने-टोटके आभामंडल व ऊर्जा चक्रों की सफाई करने में सक्षम होते हैं। सफाई होते ही ऊर्जा चक्र पुनः सक्रिय हो जाते हैं। व्यक्ति दोबारा अच्छे समय में प्रवेश कर जाता है।

□

उपायों से ऊर्जा शरीर का इलाज

जीवन चलानेवाली ऊर्जा का एक नियम है कि समधर्मी ऊर्जा समधर्मी ऊर्जा को आकर्षित करती है।

ऋषि-मुनियों ने लंबे अनुसंधान के बाद पता लगाया कि किस वस्तु के साथ किस रंग की ऊर्जा समधर्मी होती है। साथ ही उन्होंने पता लगाया कि किन ग्रहों की ऊर्जा किन वस्तुओं के साथ समधर्मी होती है। उन्होंने यह भी जाना कि किन ग्रहों की ऊर्जा किन ऊर्जा चक्रों (अंगों) पर स्थापित होती हैं। इसी तरह पंचतत्त्वों की ऊर्जा और वनस्पतियों-वस्तुओं की ऊर्जा के बीच संबंध तलाशा।

उपाय का निर्धारण करते समय ऋषियों ने पता लगाया कि किन ऊर्जा चक्रों में खराबी के कारण किस तरह की समस्याएँ पैदा होती हैं। उन ऊर्जा चक्रों के रंगों के मुताबिक समधर्मी वस्तुओं का पता लगाया। फिर उपाय के तौर पर उन्हें गाय, चिड़ियों, कुत्तों को खिलाने, दान करने, पानी में प्रवाहित करने, जलाने, चौराहे पर डालने या मिट्टी में दबाने का नियम बनाया।

जब किसी वस्तु को प्रभावित व्यक्ति अपने हाथ में लेता है तो समधर्मी ऊर्जा चक्र पर फैली नकारात्मक ऊर्जाएँ उससे जुड़ जाती हैं। जब व्यक्ति उस वस्तु को दान करता है, किसी जीव को खिलाता है, पानी में बहाता है, जमीन में दबाता है, जलाता है या चौराहे पर डालता है तो चक्र की नकारात्मक ऊर्जाएँ उस वस्तु के साथ बाहर निकल जाती हैं। जैसे स्वेटर की ऊन के एक सिरे को खींचने से सारा स्वेटर खुलकर उधड़ जाता है, उसी तरह वस्तु से

चिपकी चक्र की नकारात्मक ऊर्जाओं का मकड़जाल खिंचता हुआ उधड़कर बाहर चला जाता है।

इस तरह ऊर्जा चक्रों की सफाई हो जाती है। कई उपाय ऊर्जा चक्रों के साथ आभामंडल की भी सफाई कर देते हैं, जिससे लोगों को तत्काल राहत मिलती है।

□

उपाय में भगवान् शिव को साक्षी जरूर बनाएँ

समस्या-मुक्ति के लिए जब भी कोई उपाय अपनाएँ, तब भगवान् शिव को साक्षी अवश्य बना लें। इससे ब्रह्मांड की सभी ऊर्जाएँ उपाय में अपनी भागीदारी सुनिश्चित रूप से निभाती हैं।

भगवान् शिव से आग्रह करें। कहें—

"हे मेरे गुरुदेव देवाधिदेव महादेव! आपको मेरा प्रणाम है। ब्रह्मांड के प्रति मुझसे जाने-अनजाने हुए सभी अपराधों के लिए मुझे क्षमा करें। मुझ पर प्रसन्न हों। माता महेश्वरी भगवान् गणेशजी सहित सपरिवार मेरे मन-मंदिर में विराजमान हों। आपको साक्षी बनाकर मैं समस्या-विमोचन उपाय कर रहा हूँ। इसकी सफलता हेतु मुझे दैवी सहायता, सुरक्षा और मार्गदर्शन प्रदान करें। आपका धन्यवाद है।"

□

उपाय में सावधानी अनिवार्य

1. सभी वस्तुओं में किसी-न-किसी रंग की ऊर्जाएँ होती हैं, जो ऊर्जा चक्रों की समधर्म होती हैं। मगर नकारात्मक ऊर्जाओं के साथ उनमें से कुछ चीजें ही लिंक हो पाती हैं। इसलिए सिर्फ उन्हीं वस्तुओं को उपाय में शामिल करें, जो नकारात्मक ऊर्जाएँ निकाल पाने में सक्षम हों।

   हमारे ऋषियों द्वारा खोजी गई वस्तुओं को ही उपयोग में लेना उचित होता है।

2. जो वस्तुएँ नकारात्मकता हटाने में सक्षम नहीं होतीं, वे चक्रों की सकारात्मक ऊर्जाओं को बाहर निकाल सकती हैं, जिससे ऊर्जा की कमी का सामना करना पड़ सकता है। यह खतरनाक है। ऊर्जा की कमी असफलता-अभाव-बीमारियों का कारण बनती है।

   इसी कारण लाल किताब में कई वस्तुओं का दान न करने की चेतावनी दी जाती है। लाल किताब पूरी तरह से ऊर्जा विज्ञान पर आधारित है। मगर उसका उपयोग अत्यधिक सावधानी के साथ किया जाना चाहिए। क्योंकि मौजूदा समय के लाल-किताबी विद्वानों ने नियमों को तोड़-मरोड़कर तमाम भ्रांतियाँ फैला दी हैं। भ्रांतियों के साथ ऊर्जा का उपयोग सदैव विनाशकारी बनता रहा है।

3. बताए गए उपाय प्रभावित व्यक्ति को ही करने चाहिए। दूसरे किसी के करने से कोई लाभ नहीं होता। दूसरों द्वारा किए गए उपायों को ऐसे समझें, जैसे बीमार कोई और है, दवा कोई और खा रहा है।

4. ऋषियों ने सैकड़ों वर्षों के अनुसंधान से पता लगाया कि किस तरह की ऊर्जा को कहाँ निस्तारित किया जा सकता है। इसलिए वस्तुओं को दान करने, शिवलिंग पर चढ़ाने, किसी देव को अर्पित करने, किसी जीव को खिलाने, पानी में बहाने, जमीन में दबाने, जलाने या चौराहे पर डालने आदि में से जो बताया जाए वही करें, अन्यथा नतीजे उलट सकते हैं।

5. दान के समय याद रखें—जिसके लिए कहा जाए, उसी को दान दें; क्योंकि हर किसी में हर तरह की नकारात्मक ऊर्जाओं को वहन करने की क्षमता नहीं होती। ऐसे में किसी ऐसे व्यक्ति को दान कर दिया जाए, जो प्रभावित व्यक्ति की समस्याग्रस्त ऊर्जाओं को बरदाश्त न कर सके। तो निस्तारित ऊर्जाएँ वापस प्रभावित व्यक्ति के पास लौट आएँगी। यह स्थिति पहले से अधिक खतरनाक हो सकती है; क्योंकि वापसी के समय उस व्यक्ति की भी नकारात्मकता शामिल होगी, जिसे दान दिया गया था।

   उदाहरण के लिए, राहु का दान किसी स्वीपर को देने के लिए कहा जाता है, मगर उसे किसी ब्राह्मण को दे दिया जाए तो वह बरदाश्त नहीं कर पाएगा, क्योंकि राहु की ऊर्जाओं का घनत्व बहुत अधिक होता है, जिसे साफ-सफाई का अधिक काम करनेवाले लोग ही बरदाश्त कर सकते हैं।

6. इसी तरह जिन वस्तुओं को जिन जीवों को खिलाने के लिए बताया जाए, उन्हें उपाय के तौर पर उन्हीं को खिलाएँ तो ही वांछित परिणाम मिलेंगे।

7. मंत्र जप की जो विधि बताई जाए, उसका अक्षरश: पालन किया जाना चाहिए।

8. पूजा-पाठ के समय पंडित और यजमान दोनों अपना मोबाइल बंद रखें।

9. संकल्प लेने के बाद पंडित और यजमान दोनों के मुँह से मंत्रों के अलावा कोई अन्य शब्द नहीं निकलना चाहिए।

10. पूजा-पाठ-अनुष्ठान-जप के समय पूजा करनेवाले और पूजा करानेवाले लोगों द्वारा तनाव और गुस्सा किसी भी हालत में नहीं किया जाना चाहिए, अन्यथा मंत्रों की सकारात्मक ऊर्जा में तनाव या गुस्से की नकारात्मक ऊर्जाओं की मिलावट हो जाती है। यह बहुत ही विनाशकारी साबित होता है। इससे उत्पन्न देव-दोष की नकारात्मकता वर्षों तक पनपने नहीं देती। ऐसी पूजा से बेहतर है कि उसे न ही किया जाए।

□

शिवलिंग : आभामंडल को ठीक करने का विज्ञान

इसे हम सीधे एक उदाहरण से समझते हैं।

यदि कोई व्यक्ति धनाभाव में है तो उसके मूलाधार चक्र और आज्ञा चक्र बिगड़े होते हैं। उसके शरीर में पृथ्वी तत्त्व और आकाश तत्त्व असंतुलित होते हैं। साथ ही आभामंडल से जीवन ऊर्जा का रिसाव हो रहा होता है। ऐसे में उन व्यक्ति द्वारा शिवलिंग पर मीठा जल और नीले फूल चढ़ाकर रोज 10 मिनट का त्राटक किया जाए तो उसकी स्थिति में सुधार होने लगता है।

अब इस उपाय का विज्ञान समझिए। मीठा जल मूलाधार चक्र की लाल ऊर्जाओं में फैली गंदी नकारात्मक ऊर्जाओं को अपने भीतर खींच लेता है। नीले फूल आज्ञा चक्र की आसमानी ऊर्जाओं में मिलावट करनेवाली नकारात्मक ऊर्जाओं को अपने भीतर खींच लेता है।

शिवलिंग की खास बात है कि वे अपने ऊपर चढ़ाई जानेवाली वस्तुओं के द्वारा चढ़ानेवाले व्यक्ति के आभामंडल और ऊर्जा चक्रों में फैली नकारात्मक ऊर्जाओं को तेजी से अपने भीतर खींच लेते हैं। उसी समय जलहरी के जरिए उन्हें पाताल अग्नि में भेजकर नष्ट कर देते हैं, ताकि हानिकारक ऊर्जाएँ वापस उस व्यक्ति तक न जा सकें।

इसी कारण शिवलिंग की पूरी परिक्रमा नहीं की जाती, क्योंकि जलहरी से बह रहे तरल पदार्थों के साथ भयावह स्तर तक हानिकारक ऊर्जाएँ बह रही होती हैं। पूरी परिक्रमा करके यदि उन्हें लाँघ लिया जाए तो हानिकारक ऊर्जाएँ

लाँघनेवाले के आभामंडल में घुसकर उसे बड़ा नुकसान पहुँचा सकती हैं। इसी तरह जलहरी से बह रहे दूध, दही, शहद, पानी आदि तरल पदार्थों को हाथ नहीं लगाया जाता। उन्हें सीधे नाली में बहा दिया जाता है। उसे प्रसाद के रूप में नहीं ग्रहण करना चाहिए।

शिवलिंग के ऊपरी हिस्से से हमेशा सकारात्मक ऊर्जाएँ निकलती हैं। उनकी मात्रा आश्चर्यजनक रूप से बहुत अधिक होती है। उनसे किसी की भी जीवन-शक्ति को उपचारित किया जा सकता है। शिखर भाग में चढ़े पदार्थ सकारात्मक ऊर्जाओं से भरे होते हैं। उन्हें ही प्रसाद के रूप में लेना चाहिए।

शिवलिंग के शिखर भाग पर त्राटक करने से आज्ञा चक्र बड़ी मात्रा में दैवी ऊर्जाएँ ग्रहण करता है, जिनमें पृथ्वी तत्त्व, जल तत्त्व, वायु तत्त्व, आकाश तत्त्व पर्याप्त मात्रा में होते हैं। ये व्यक्ति के मूलाधार, स्वाधिष्ठान, अनाहत, विशुद्धि और आज्ञा चक्र को उपचारित करने में सक्षम होते हैं। इन ऊर्जा चक्रों के उपचारित होते ही व्यक्ति समृद्ध कर्मयोगी बनता है। उसका तन शक्तिशाली और मन सुखी होता है। उसके व्यक्तित्व में निखार आता है। उसके फैसले अचूक होते हैं।

□

चौराहे पर टोटका : नकारात्मकता नष्ट करने का सटीक विज्ञान है

घरेलू उपायों में कई बार बताया जाता है कि चौराहे पर दीपक जला दें या फलाँ वस्तु चौराहे पर जाकर फेंक दें।

चौराहे पर किए उपाय अकसर फलित भी होते हैं।

आज इसका विज्ञान जान लें।

चौराहा का मतलब है—ऐसी जगह, जहाँ चारों दिशाओं से आ रहे रास्ते क्रॉस करते हैं।

किसी भी चौराहे के केंद्र में चारों रास्तों से आनेवाली ऊर्जाओं की जबरदस्त टक्कर होती रहती है। टकराने के बाद ये ऊर्जाएँ निम्न गामी होकर पाताल की तरफ चली जाती हैं। उन्हीं के साथ उपाय या टोटका के जरिए फेंकी गई नकारात्मक ऊर्जाएँ भी पाताल अग्नि में जाकर भस्म हो जाती हैं।

इस तरह उनसे हमेशा के लिए छुटकारा मिल जाता है।

किसी व्यक्ति का उतारा किया जाता है तो किसी वस्तु या पानी के बरतन को उसके सिर के ऊपर या पूरे शरीर पर घुमाया जाता है। इस तरह उसके आभामंडल और ऊर्जा चक्रों में फैली ऊर्जाएँ बरतन के पानी या उतारावाली वस्तु से जुड़ जाती हैं। जब पानी को या उतारा वाली वस्तु को चौराहे पर फेंका जाता है तो उसमें चिपकी समस्याएँ पैदा कर रही नकारात्मक ऊर्जाएँ भी चौराहे पर चली जाती हैं। चौराहे पर हर समय चारों दिशाओं से आ रही ऊर्जाओं की

शक्तिशाली टक्कर नकारात्मक ऊर्जाओं को उसी क्षण तोड़ देती है, फिर अपने साथ पाताल की तरफ लेकर चली जाती है।

चौराहे पर उपाय समस्याग्रस्त व्यक्ति की ऊर्जाओं को साफ करने का एक सटीक विज्ञान है।

□

चौराहे पर टोटका उपाय के नियम

1. टोटका हमेशा चौराहे के बीचोबीच में किया जाना चाहिए। वहीं टकराने वाली ऊर्जाओं का केंद्र होता है।

जिन चौराहों पर चबूतरा आदि बने होते हैं, वहाँ ऊर्जाओं का टकराव नहीं होता या बिखरा हुआ होता है, इसलिए वहाँ किए गए उपाय काम नहीं करते

2. उपाय करने के बाद चौराहे पर रुकना नहीं चाहिए, तुरंत वहाँ से वापस लौट जाएँ। अन्यथा वहाँ विसर्जित की गई नकारात्मक ऊर्जाओं के दोबारा वापस लौटने की आशंका रहती है।

3. जिस चौराहे पर टोटका किया गया हो, उस दिन उस चैराहे पर नहीं जाना चाहिए। न ही वापस आते समय पीछे मुड़कर देखना चाहिए। वापस आते समय रास्ते में किसी से या मोबाइल पर बात न करें। इस बात का विशेष ध्यान रखा जाना चाहिए। अन्यथा जो खराब ऊर्जाएँ चौराहे पर फेंककर आए हैं, उनके पुनः साथ आ जाने की आशंका रहती है; क्योंकि हर व्यक्ति के पास रह चुकी ऊर्जाएँ उसे पहचानती हैं और संपर्क में आते ही दोबारा उसके साथ चल पड़ती हैं।

4. कई बार टोटकों के द्वारा चौराहे पर डाली गई ऊर्जाओं को पाताल की तरफ जाने में कुछ वक्त लग जाता है। ऐसे में ताजे टोटके की वस्तुओं को लाँघने या उन पर पैर रखने से उनकी नकारात्मक ऊर्जाएँ लाँघनेवाले के साथ चली जाती हैं और उनकी परेशानी का कारण बनती हैं।

इसी कारण टोटकों की वस्तुओं को छूने या लाँघने से मना किया जाता है। □

मुसीबतों को पानी में बहाने का विज्ञान

आभामंडल में फैली नकारात्मक ऊर्जाओं को निकालने का यह बड़ा ही कारगर विज्ञान है।

किसी वस्तु को हाथ में लिया जाता है तो वह वस्तु समधर्मी ऊर्जा चक्र पर फैली नकारात्मक ऊर्जा से जुड़ जाती है, साथ ही आभामंडल और ऊर्जा चक्रों में फैली अपने तरह के रंगवाली नकारात्मक ऊर्जा से लिंक हो जाती है। जब प्रवाहित किया जाता है तो मुसीबतों का कारण बनी नकारात्मक ऊर्जाएँ उस वस्तु के साथ पानी में बह जाती हैं। इस तरह आभामंडल व चक्रों की सफाई हो जाती है, जिससे रुकावटें, बीमारियाँ, तनाव-अभाव हटता है।

एक तरह से व्यक्ति उपाय के द्वारा अपनी मुसीबतों को पानी में बहा देता है।

इसी तरह बहते पानी में नहाने से भी आभामंडल की सफाइ हो जाती है। इसी कारण हमारे देश में नदियों में स्नान को बहुत महत्त्व दिया गया है।

जल प्रवाह के समय ध्यान रखें

1. वस्तुओं को पॉलीथीन या लिफाफे आदि में पानी में न डालें, बल्कि उन्हें अपने हाथ में निकालकर लें। फिर पानी में प्रवाहित करें, ताकि वस्तु आभामंडल की ऊर्जा से लिंक हो सके।
2. पुल या किसी अन्य ऊँचाई से वस्तुएँ जल में प्रवाहित न करें। पानी के इतना पास जाएँ कि उसे छू सकें। वहाँ से वस्तुओं को जल में प्रवाहित करें, ताकि वस्तुओं से जुड़ी आभामंडल की नकारात्मक ऊर्जाएँ सीधे

पानी के बहाव में पहुँच जाएँ।

3. जल प्रवाह की वस्तुओं को जरूरत से अधिक मात्रा में प्रवाहित न करें। जितनी बताई गई हों, उतनी ही प्रवाहित करें।
4. सिर्फ अपने लिए बताए गए उपाय की ही वस्तुओं को जल प्रवाह करें।
5. मछलियों आदि जीवों के खिलाने के लिए जिन वस्तुओं का जल-प्रवाह बताया जाए, उन्हें उचित स्थान पर ही प्रवाहित करें।

□

दान मुसीबतों को खा जाता है

शास्त्र कहते हैं कि दान से मृत्यु का भय भी टल जाता है।

मुसलिम विद्वानों का मत है—दान एलनी (मुसीबतों) को खा जाता है।

दान का विज्ञान

दानवाली वस्तु को हाथ में लेते हैं तो उसकी ऊर्जाएँ आभामंडल व चक्रों पर फैली समान रंगवाली नकारात्मक ऊर्जाओं से जुड़ जाती हैं। जब उन्हें किसी को दिया जाता है तो दानवाली चीजें समस्याओंवाली ऊर्जाओं को साथ लेकर उस व्यक्ति के आभामंडल में चली जाती हैं, जिसे दान दिया गया। इस तरह दान दाता के आभामंडल व ऊर्जा चक्रों की सफाई होती है, जिससे मुसीबतें हटती हैं और जीवन में सुख उत्पन्न होता है।

दान के नियम

दान से जन्मों की खराब ऊर्जाएँ भी निकल जाती हैं।

दान से पहले संकल्प लेना जरूरी होता है। संकल्प का मतलब है—अपनी ऊर्जाओं को निर्देश देना।

1. दूषित व खराब चीजों को दान में कभी न दें। उनमें जीवन ऊर्जा को साफ करने की क्षमता नहीं होती।
2. जिसे दान दें, उसे धन्यवाद जरूर दें, ताकि उसका प्रारब्ध कर्ज न चढ़ने पाए; क्योंकि वह मुसीबतें लेकर जा रहा है। उसके लिए भगवान् से प्रार्थना भी करें कि वह साथ ले गई ऊर्जाओं को बरदाश्त

कर सके। यदि दान लेनेवाला नकारात्मक ऊर्जाओं को वहन न कर सका तो वे प्रभावित व्यक्ति के पास वापस आ जाती हैं।

इसीलिए कहा जाता है कि दान सदैव सुपात्र को ही दें।

3. जब भी कोई भिखारी हाथ फैलाए तो उसे उपदेश कभी न दें। कुछ दान देकर उसे जाने दें। भिखारी उपदेश नकार देते हैं, जिससे उनकी दूषित ऊर्जाएँ उपदेश के शब्दों की ऊर्जाओं के साथ वापस आ जाती हैं। वे सदैव हानिकारक साबित होती हैं।
4. दान देने के लिए उतावलापन न दिखाएँ। जितनी जरूरत है या जितना बताया गया है, उतना ही दान करें।
5. जो लोग रोज घर आते रहते हैं, उन्हें दान करना उचित नहीं होता; क्योंकि दान की चीजों के साथ जो नकारात्मकता वे लेकर गए हैं, वह अगले दिन उनके साथ घर में वापस लौट आएगी। उदाहरण के लिए, घर के नौकरों की मदद करें। मगर उन्हें दान न दें। घर के नौकरों की मदद करने से मूलाधार चक्र मजबूत होता है, जिससे आत्मविश्वास और समृद्धि में बढ़ोतरी होती रहती है।

□

समस्याओं को दफनाने का विज्ञान

घरेलू उपाय में जब किसी वस्तु को जमीन में दबाने को कहा जाता है तो एक तरह से ये समस्याओं को दफन करने का तरीका होता है। जिन वस्तुओं को जमीन में दबाया जाता है, वे प्रभावित व्यक्ति के आभामंडल में फैली पंचतत्त्वों की असंतुलित ऊर्जाओं को अपने भीतर खींच लेती हैं।

जमीन में दबाने पर वे समस्यग्रस्त ऊर्जाओं की ग्राउंडिंग कर देती हैं।

उन्हें पाताल अग्नि में भेजकर नष्ट कर देती हैं।

आभामंडल और पंचतत्त्वों की सफाई होने से समस्याएँ समाप्त होती हैं।

□

जीवों को चीजें खिलाकर समस्याओं से मुक्ति

घरेलू उपायों में अकसर गाय, कुत्ता, कौआ, कबूतर, चींटियों, मछलियों एवं कुछ अन्य जीव जंतुओं को खाने की चीजें देने के लिए बताया जाता है।

कोई चीज अपने हाथ में ली जाती है तो समस्याओं की ऊर्जा आभामंडल व चक्रों से निकलकर उस वस्तु में आ जाती है। जब उसे किसी जीव को खिलाते हैं तो नकारात्मक ऊर्जाएँ प्रभावित व्यक्ति से निकलकर उस जीव में चली जाती हैं। जीव विचरण करता है तो समस्याग्रस्त ऊर्जाएँ इधर-उधर बिखर जाती हैं। इस तरह मुसीबतों में फँसे व्यक्ति के आभामंडल व ऊर्जा चक्रों की सफाई हो जाती है, उन्हें राहत मिल जाती है। रुकावटें, बीमारियाँ, तनाव पैदा कर रही नकारात्मकता हटते ही व्यक्ति सुखों की तरफ चल पड़ता है।

1. वस्तुएँ उन्हीं जीवों को खिलाएँ, जो विचरण करते रहते हैं।
2. गाय के नाखूनों में नकारात्मक ऊर्जाओं की ग्राउंडिंग की विशेष क्षमता होती है। इसलिए यदि वे एक ही स्थान पर स्थिर हैं तो भी उन्हें खिला सकते हैं।
3. वही वस्तुएँ खिलाएँ, जिनसे जीवों को जरा भी नुकसान न हो, ताकि खराब ऊर्जाएँ वापस न आने पाएँ।
4. दूषित व सड़ी-गली चीजें किसी भी जीव को न खिलाएँ। ऐसी चीजों में ऊर्जा साफ करने की क्षमता नहीं होती।
5. निर्धारित मात्रा में ही जीवों को चीजें खिलाएँ। किसी भी चीज में अति न करें।

□□□